はじめに

「困ったときの神頼み」とか、
「神さま、お願い！」とか、よく言うけれど、
そんなとき、どの神さまにお願いしてますか。
神さまに何をお願いすればいいのか、よくわからない…
そんな人も多いのではないでしょうか。

世界中にはたくさんの神さまがいますが、
には「八百万（やおよろず）の神」といわれるように、
本当にたくさんの神さまがいます。
そして、そのたくさんの日本の神さまには、
の個性があって、それぞれ得意な効能があります。
さまによって"ご利益"がそれぞれちがうんです。

んな神さまが、どんなご利益をもっているか。
どの神さまに、何をお願いすればいいか。
っていたほうが、お願いごとをするにも効果的。

女子のしあわせを引き寄せる

Kamisama Catalog

神さまカタログ

監修 戸部民夫
イラスト いとうみつる

sanctuary books

女子のしあわせを引き寄せる

Kamisama Catalog

神さまカタログ

監修 戸部民夫

イラスト いとうみつる

sanctuary books

女子のしあわせを引き寄せる

神さまカタログ

Kamisama Catalog

監修 戸部民夫
イラスト いとうみつる

sanctuarybooks

はじめに

「困ったときの神頼み」とか、
「神さま、お願い！」とか、よく言うけれど、
そんなとき、どの神さまにお願いしてますか。
実は、どの神さまに何をお願いすればいいのか、よくわからない…
そんな人も多いのではないでしょうか。

世界中にはたくさんの神さまがいますが、
とくに日本には「八百万（やおよろず）の神」といわれるように、
本当にたくさんの神さまがいます。
そして、そのたくさんの日本の神さまには、
それぞれの個性があって、それぞれ得意な効能があります。
神さまによって"ご利益"がそれぞれちがうんです。

どんな神さまが、どんなご利益をもっているか。
どの神さまに、何をお願いすればいいか。
わかっていたほうが、お願いごとをするにも効果的。

本書は、どの神さまがどんなご利益、どんな個性をもっているか、
を紹介する"神さまのカタログ"です。
とくに女子をしあわせにしてくれる神さまを中心に紹介しています。

運命の人に出会いたい!
もっとかわいくなりたい!
新しい仕事にチャレンジしたい!
ずっとひきずってる悩みを解決したい!
……などなど
恋愛、お仕事、夢、健康、お金のこと、
願いをかなえたいとき、困ったとき、
どの神さまにお願いしようかなあ、とカタログを眺めるように、
たのしんで読んでもらえたらと思います。

神さまカタログ
目次
CONTENTS

恋愛・結婚に効く、この神さま

- 10 ◉ 縁結びの神さま
  オオクニヌシノミコト
  大国主命
- 12 ◉ 婚活の神さま
  イワナガヒメノミコト
  磐長姫命
- 14 ◉ 結婚の神さま
  クシナダヒメノミコト
  櫛名田比売命
- 16 ◉ 仲直りの神さま
  ククリヒメノカミ
  菊理媛神
- 18 ◉ 浮気防止の神さま
  スセリビメノミコト
  須勢理毘売命
- 20 ◉ 縁切りの神さま
  ストクテンノウ
  崇徳天皇
- 22 ◉ 安産の神さま
  アメノミナカヌシノカミ
  天之御中主神
- 24 ◉ 子育ての神さま
  タマヨリヒメノミコト
  玉依姫命
- 26 ◉ 子宝の神さま
  イザナミノミコト
  伊邪那美命

女子力アップに、この神さま

- 30 ● 美人の神さま
  ムナカタサンジョシン
  宗像三女神
- 32 ● 若返りの神さま
  ツキヨミノミコト
  月読命
- 34 ● 美肌の神さま
  トヨタマヒメノミコト
  豊玉姫命
- 36 ● スタイルアップの神さま
  アメノタヂカラオノミコト
  天手力男命
- 38 ● ダイエットの神さま
  ウケモチノカミ
  保食神
- 40 ● おもてなしの神さま
  オオミヤノメノミコト
  大宮能売命
- 42 ● 美脚の神さま
  クナドノカミ
  岐神
- 44 ● セクシーの神さま
  アメノウズメノミコト
  天鈿女命
- 46 ● 女子力の神さま
  コノハナサクヤヒメノミコト
  木花咲耶姫命

自分を高めてくれる、この神さま

- 50 ● 道案内の神さま
  サルタヒコノカミ
  猿田彦神
- 52 ● 試験の神さま
  スガワラノミチザネ
  菅原道真
- 54 ● アイデアの神さま
  ヤゴコロオモイカネノミコト
  八意思兼命
- 56 ● 言葉の神さま
  アメノコヤネノミコト
  天児屋根命
- 58 ● 商売の神さま
  ヒルコノミコト
  蛭子命
- 60 ● 成功の神さま
  ヤマトタケルノミコト
  日本武尊
- 62 ● 海外旅行の神さま
  スミヨシサンシン
  住吉三神
- 64 ● 知識の神さま
  クエビコノミコト
  久延毘古命
- 66 ● 出世の神さま
  タケミカヅチノオノカミ
  建御雷之男神
- 68 ● 勝負の神さま
  ホンダワケノミコト
  誉田別命

神さまカタログ
目次
CONTENTS

暮らしをステキにしてくれる、この神さま

72……●ごはんの神さま
　　　　ウカノミタマノカミ
　　　　宇迦之御魂神

74……●そうじの神さま
　　　　ヤノハハキノカミ
　　　　矢野波波木神

76……●料理の神さま
　　　　イワカムツカリノミコト
　　　　磐鹿六雁命

78……●ショッピングの神さま
　　　　カミオオイチヒメノミコト
　　　　神大市姫命

80……●器の神さま
　　　　ハニヤマヒメノミコト
　　　　埴山姫命

82……●エコの神さま
　　　　ミズハノメノカミ
　　　　罔象女神

84……●お菓子の神さま
　　　　タジマモリノミコト
　　　　田道間守命

86……●漬け物の神さま
　　　　カヤノヒメノカミ
　　　　鹿屋野姫神

88……●宝石の神さま
　　　　タマノオヤノミコト
　　　　玉祖命

90……●電気・家電・
　　　　パソコンの神さま
　　　　ホノイカヅチノカミ
　　　　火雷神

92……●鏡の神さま
　　　　イシコリドメノミコト
　　　　石凝姥命

困ったときの、この神さま

- 96 ● 厄払いの神さま
  須佐之男命（スサノオノミコト）
- 98 ● 涙の神さま
  哭沢女神（ナキサワメノカミ）
- 100 ● 薬の神さま
  少彦名命（スクナヒコナノミコト）
- 102 ● 婦人病の神さま
  淡島神（アワシマノカミ）

- 104 ● 防災の神さま
  迦具土神（カグツチノカミ）
- 106 ● お天気の神さま
  高龗神（タカオカミノカミ）
- 108 ● 太陽の神さま
  天照大神（アマテラスオオミカミ）
- 110 ● 予言の神さま
  塩土老翁神（シオツチノオジノカミ）

- 113 神さまのアドレス帳
- 124 神さまQ&A

恋愛・結婚に効く、この神様

運命の相手に出会いたい！
ステキな彼氏がほしい！
ダメ彼氏と別れたい！
結婚してしあわせになりたい！
やさしいママになりたい！
しあわせな恋愛や結婚を手に入れたいあなたに。
縁結び、婚活、浮気防止、仲直り、悪縁切り、子宝、子育て……
などなど、恋愛と結婚生活にまつわるお悩みを解決し、
お願いごとをかなえてくれる、神さまたちを紹介します。

6人の女神と結婚した
超モテモテのプレイボーイ

大国主命
オオクニヌシノミコト

縁結びの神さま

御利益
すてきな出会いを与えてくれる、縁結びの神さま

超 美男子でモテモテ、6人もの女神と結婚したプレイボーイとして知られるオオクニヌシノミコト。そんな恋多きところから縁結びの神さまとして人気に。また181人もの子どもを作ったことから、夫婦和合というエッチの神さまでもあり、子宝を授かりたいときやセックスレス解消にもご利益あり。

他にも｜縁結び｜厄除・開運｜お金｜家内安全｜子宝・安産｜諸願成就｜仕事｜健康・長寿｜学問・芸術

女子のしあわせを引き寄せる、神さまカタログ

> もっと知りたい

奥さんだけでも6人！超モテモテの肉食系

超美男子で恋多きプレイボーイ。お兄さんたちと取り合ったヤガミヒメノミコトに、スサノオノミコトの娘・スセリビメノミコト、美人で有名な宗像三女神のタギリヒメノミコトなど、6人もの女神と結婚。モテモテなオオクニヌシにあやかって、縁結びのご利益を授かろう！しかも、181人もの子どもをつくったという超肉食系。そんなところから、縁結び、夫婦和合のご利益があるとされる。

出雲大社で縁結びの会議を開催

11月は神さまたちが島根の出雲大社に集合していなくなることから、神無月と呼ばれる（ちなみに出雲では、11月を神在月と呼ぶ）。神さまたちは出雲で何をしているかというと、縁結びの会議。そのホスト役を務めるのが、オオクニヌシだ。会議で良縁を与えてもらえるよう、出雲大社にお参りしてみよう。

打ち出の小槌で、願いをかなえてくれる

「ダイコクさま」とも呼ばれ、七福神のひとり大黒と同一視されることも。大黒さまは、五穀豊穣、商売繁盛の福の神。打ち出の小槌でなんでも願いをかなえてくれる。

"因幡の白うさぎ"が結婚を予言

サメをだました仕返しで全身の毛をむしられ泣いていた白うさぎを、通りかかったオオクニヌシが助けてあげた。すると白うさぎは治ったお礼に「ヤガミヒメと結婚できるよ」と、オオクニヌシに予言。出雲大社にはこのうさぎ像があるので、お参りしてあなたも縁をとりもってもらおう。

恋愛・結婚に効く、この神さま

女子力アップに、この神さま ― 自分を高めてくれる、この神さま ― 暮らしをステキにしてくれる、この神さま ― 困ったときの、この神さま

❗ ここに行けば、会える！

● 出雲大社（島根県） ● 大神神社（奈良県） ● 神田明神（東京都）
● 北海道神宮（北海道） ● 氷川神社（埼玉県） ほか

末永くみんなの良縁を願ってくれる

磐長姫命
イワナガヒメノミコト

婚活の神さま

御利益
目先にとらわれない本当の良縁を授けてくれる、婚活の神さま

父に言われて行った嫁ぎ先で追い返されてしまったイワナガヒメは、こんな悲しい思いをする人がいないよう、縁結びの神さまとなった。結婚相手に悩むあなたにも、よりよい選択をするための後押しをしてくれるはず。岩＝長寿の神さまでもあるので、「この人」と決めた相手となら末永く連れ添っていける。

他にも | 縁結び | 厄除・開運 | お金 | 家内安全 | 子宝・安産 | 諸願成就 | 仕事 | 健康・長寿 | 学問・芸術

> もっと知りたい

醜いことを理由に結婚を断られる（涙）

父であるオオヤマヅミが、美人な妹コノハナサクヤヒメとともにニニギノミコトに嫁がせようとしたが、イワナガヒメは「ブスだからいらない」とニニギに追い返されてしまう。それを恥じたイワナガヒメは、京都の貴船神社で「我長くここにありて縁結びの神として世のため人のために良縁を得させん」と言い、縁結びの神さまとして鎮座した。

コンプレックスも鏡で見つめ直す

宮崎県の銀鏡神社には、イワナガヒメが自分の醜い姿を嘆き、遠くに投げ捨てたといわれる鏡がある。しかし、彼女はのちにその鏡の行方を探すため、この地を訪れる。一度は目を背けたイワナガヒメだが、コンプレックスから逃げず、自分らしさを見つめなおすことで幸せな結婚を手にする。

外見や目先のことだけにとらわれない力を

イワナガヒメは人の幸せを願ってくれるやさしい神さま。きっと、あなたの良さをわかってくれる人も現れる。もしいまの婚活がうまくいっていないとしたら、それはあなたにふさわしい人は別にいるということなのかも。目先のことにとらわれず、相手の本質を見抜く力をイワナガヒメは授けてくれるはず。

貴船神社で恋を祈る

イワナガヒメが鎮座する京都の貴船神社は、古くから恋を祈る神社として名高い。平安の恋多き女性歌人・和泉式部もここで夫との復縁を祈り叶えたと伝えられる。また、結び文というものもあり、縁結びを願う人はこれに願い事を書き、結び合わせて結社の結び処に結ぶと願いが叶うといわれている。

わたしファイト！！

! ここに行けば、会える！

●貴船神社（京都府） ●銀鏡神社（宮崎県） ●雲見浅間神社（静岡県） ●伊豆神社（岐阜県） ●月水石神社（茨城県） ●磐長姫神社（兵庫県） ほか

日本ではじめて正式な結婚をした神さま

櫛名田比売命
クシナダヒメノミコト

結婚の神さま

御利益……
結婚生活を幸せなものにしてくれる、結婚の神さま

日本で最初に正式な結婚をした神さま。結婚後も夫婦仲良く幸せに暮らしたことで知られることから、各地の神社でも夫婦円満の象徴とされ、夫であるスサノオノミコト、子であるオオクニヌシノミコトと一緒にまつられていることが多い。クシナダヒメのパワーを借りれば、きっとあなたもしあわせな家庭を築けるはず。

他にも 〔縁結び〕〔厄除・開運〕〔お金〕〔家内安全〕〔子宝・安産〕〔諸願成就〕〔仕事〕〔健康・長寿〕〔学問・芸術〕

　女子のしあわせを引き寄せる、神さまカタログ

> もっと知りたい

大和撫子の由来になった姫

アシナヅチとテナヅチという夫婦のもとに、8番目の娘として生まれたクシナダヒメ。父母の名前がそれぞれ「手を撫でる」「足を撫でる」という意味をもつことから「撫でるように大切に育てられた姫」と解釈され、大和撫子の語源ともいわれる美女。

結婚生活を送った場所が神社に

怪物ヤマタノオロチの生贄として殺されそうになっていたところを、彼女に一目惚れしたスサノオノミコトに助けられる。その後、2人は結ばれる。これが日本ではじめての正式な結婚とされる。ふたりが結ばれた八重垣神社、結婚生活を送った須我神社は、縁結び・夫婦円満のご利益で人気が高い。

残念夫もステキな旦那さまに変身?

櫛は、女性や生命力の象徴。スサノオは、クシナダヒメを櫛の姿に変え自らの髪に挿し、ヤマタノオロチと戦った。スサノオの勝利は、彼女の力のおかげともいわれる。もとは暴れん坊で天界を追い出されたスサノオが、クシナダヒメと出会ってからは良き夫に。彼女の恩恵に与れば残念夫もステキな旦那さまに変わるかも!?

連理の玉椿は、理想の夫婦姿

クシナダヒメとスサノオが結ばれた八重垣神社には、「連理の玉椿」「夫婦椿」と呼ばれる椿がある。クシナダヒメが並べて植えたとされる2本の椿は、互いに寄り添い、やがて1本の大きな木に。木が枯れても境内には新たに二股の椿が発生するという言い伝えがあり、生涯、一心同体となって添い遂げる姿は、まさに理想の夫婦。

昔は…
男は女の腕次第ね…

!ここに行けば、会える!

● 八重垣神社(島根県) ● 須我神社(島根県) ● 八坂神社(京都府)
● 六所神社(神奈川県) ● 椙本神社(高知県) ほか

恋愛・結婚に効く、この神さま

女子力アップに、この神さま ── 自分を高めてくれる、この神さま ── 暮らしをステキにしてくれる、この神さま ── 困ったときの、この神さま

イザナギとイザナミの夫婦喧嘩を仲裁

菊理媛神
ククリヒメノカミ

仲直りの神さま

御利益
こじれてしまった人間関係を修復してくれる、仲直りの神さま

イ　ザナギとイザナミのケンカを仲裁したことで有名な仲直りの神さま。それがククリヒメノカミだ。恋人や家族、友だちとケンカしてしまった。でも、自分から「ごめんね」と素直に謝れない。そんなときはこの神さまにお願いしてみよう。"ククリ"の名のとおり、あなたと相手のこじれた縁も何度だって結び直してくれるはず。

他にも｜縁結び｜厄除・開運｜お金｜家内安全｜子宝・安産｜諸願成就｜仕事｜健康・長寿｜学問・芸術

> もっと知りたい

イザナギとイザナミの仲をとりもつ

ククリヒメは、黄泉の国から逃げ出そうとするイザナギと、それを追いかけてきたイザナミが、あの世とこの世の境である黄泉平坂で言い争いをしていたときに現れる。そこで、彼女が2人の言い分を聞き、仲を取り持ったおかげで、イザナギはこの世に戻ることができた。

イタコの元祖

あの世代表のイザナミとこの世代表のイザナギ、両方の言葉を聞くことができたククリヒメは、死者の霊を呼び出して憑依させるイタコの元祖と考えられている。死者と生者のように、本来なら交じり合うこともない存在の仲を取り持つ彼女の力を借りれば、理解できないと思っている相手とも分かり合えるかも。

白山比咩神社

ククリヒメを祀っている白山信仰の総本宮である白山比咩神社に行くなら、「恋のしらやまさん号」の乗車券や奉納恋文、和菓子や辻占いというおみくじ入り干菓子との引換券がセットになった「恋のしらやまさん」きっぷがオススメ。境内には、灯篭や屋根の装飾など、ハートをモチーフにしたものがあちこちにあるので、それも探してみては？

復縁したいなら

文京区にある白山神社は"復縁神社"としても有名。恋愛関係だけでなく、人間関係の修復を願うなら、お参りして損はない。一度解けてしまったご縁も、くくり直してくれるはず。結びの象徴とも言われる締め柱の前で一礼すると、よりご利益があるそうなので、忘れずに一礼しよう。

ここに行けば、会える！

- 白山比咩神社（石川県） ● 白山神社（東京都）
- 白山神社（新潟県） ● 長滝白山神社（岐阜県）ほか

恋愛・結婚に効く、この神さま ― 女子力アップに、この神さま ― 自分を高めてくれる、この神さま ― 暮らしをステキにしてくれる、この神さま ― 困ったときの、この神さま

プレイボーイの大国主を独り占め

須勢理毘売命
スセリビメノミコト

浮気防止の神さま

御利益
彼氏や夫がライバルに奪われないように、浮気防止の神さま

プレイボーイとして有名なオオクニヌシの奥さんで、ヤキモチ焼きだったスセリビメノミコト。でも、ライバルを蹴散らし、別居の危機を乗り越え、幸せに暮らしたスセリビメの力があれば、きっと彼もあなただけを愛してくれる。彼に自分だけを見ていてほしいなら、愛の歌で夫の心を引きとめたこの神さまにお願いしてみよう。

他にも 縁結び 厄除・開運 お金 家内安全 子宝・安産 諸願成就 仕事 健康・長寿 学問・芸術

女子のしあわせを引き寄せる、神さまカタログ

もっと知りたい

駆け落ちの末に略奪婚

スサノオノミコトの娘で、国作りをしたオオクニヌシノミコトの正妻。スサノオがオオクニヌシに課した試練を乗り越えるためにアイテムや助言を授けたり、陰ながら支え、その後、駆け落ちの末に結ばれた。

夫に会いに来た前妻を追い返す

とても嫉妬深かったといわれるスセリビメ。オオクニヌシの前妻であるヤガミヒメが子どもを連れて会いに来ても、追い返してしまったほど。敵にまわすとげに恐ろしい女性だが、味方にすれば怖いものなし。彼女のパワーを借りて、浮気の種を蹴散らそう。

愛の歌で夫を引きとめる

プレイボーイで浮気もしまくったオオクニヌシは、嫉妬するスセリビメのことを煩わしく思い、一度は別居しようとする。しかし、スセリビメの詠んだ「わたしには、あなたのほかに夫はいません」という意味の歌を聞き、思いとどまる。彼女の一途さが、オオクニヌシの心を動かしたのだ。ときにはスセリビメのように、どれだけ相手のことが好きなのか、素直に言葉にして伝えてみては？

夫婦大國社のしゃもじ

奈良春日大社にある夫婦大國社では、オオクニヌシとスセリビメが夫婦で祀られている。スセリビメは手にしゃもじを持ち、頭には洗濯用の桶を載せており、「家事が上手な奥さんになれますように」と願う人々が後を絶たない。しゃもじに願い事を書いて奉納すると、ふたりのように仲良く暮らせるはず。

おのれ許すまじ…

恋愛・結婚に効く、この神さま

女子力アップに、この神さま　自分を高めてくれる、この神さま　暮らしをステキにしてくれる、この神さま　困ったときの、この神さま

! **ここに行けば、会える！**

●春日大社（奈良県）　●国魂神社（福島県）
●総社宮（岡山県）　●出雲大社（島根県）ほか

戦で妻と離ればなれになった悲しみで怨霊に

崇徳天皇
ストクテンノウ

縁切りの神さま

御利益
悪縁を断ち切り良縁を結んでくれる、縁切りの神さま

大怨霊といわれ恐れられることもある崇徳天皇。しかし、戦で妻と離れ離れになるしかなかった彼は、自分のような悲しい思いをする人がいなくなるよう、幸せを妨げる悪縁を切って、良縁を結んでくれる神さまでもある。「もう関わりたくない！」という悪縁に悩まされているなら、崇徳天皇が力を貸してくれるはず。

他にも｜**縁結び**｜厄除・開運｜お金｜家内安全｜子宝・安産｜諸願成就｜仕事｜健康・長寿｜学問・芸術

女子のしあわせを引き寄せる、神さまカタログ

もっと知りたい

戦で妻と離ればなれに

保元の乱で義理の父である藤原忠通と敵対し、彼の長女で自分の奥さんだった藤原聖子と離れ離れになるしかなかった崇徳天皇は、二度と人々が自分のような悲しい目に遭うことがないように、幸せへの道を妨げる悪縁を切ってくれる神さまでもある。崇徳天皇ならダメな彼氏や忘れられない昔の相手、腐れ縁もスッパリ断ち切ってくれる。

やめられない悪い習慣や癖もバッサリ

崇徳天皇が切ってくれるのは、人との縁だけではない。戦に負けて讃岐に島流しにされた際、すべての欲を断ち切って金刀比羅宮におこもりしたと言われる彼は、病気との縁やお酒にタバコ、自分ではやめられない趣味なんかとの縁も断ち切ってくれる。自分の力だけではやめられないことがあるなら、崇徳天皇にお願いしてみよう。

安井金比羅

縁切りに絶大な力を発揮することで有名なのが、安井金比羅にある縁切り縁結び碑。その碑には中央に亀裂があるのだが、「形代」という身代わりのお札に願い事を書き、それをもって願い事を唱えながら碑を表から裏へ、そのままた裏から表へとくぐる。そして、その形代をのりで碑に張り付ければ、願いが叶うと言われている。

白峰宮の聖なる水

亡くなった崇徳天皇の遺体の腐敗を防ぐために浸していたといわれるのが、香川県にある白峰宮の八十蘇場の清水。遺体を浸している間、毎夜神光がしたので、「明の宮」とも呼ばれる。お隣にある「清水屋」では、名物のところてんが食べられる。

恋愛・結婚に効く、この神さま

女子力アップに、この神さま　自分を高めてくれる、この神さま　暮らしをステキにしてくれる、この神さま　困ったときの、この神さま

ここに行けば、会える！

- 安井金比羅宮（京都府）
- 白峰宮（香川県）
- 虎ノ門金刀比羅宮（東京都）
- 金刀比羅宮（香川県）ほか

天と地が別れて、最初に生まれた神

天之御中主神
アメノミナカヌシノカミ

安産の神さま

御利益
元気な赤ちゃんが無事に生まれる、安産の神さま

天と地が別れはじめた頃、高天原に生まれた最初の神。それがアメノミナカヌシだ。すべての生命のはじまりの神であるアメノミナカヌシは、生命の源と言われる水や子どもを守護する水天宮と結びつき、安産のご利益があるとされている。無事に元気な赤ちゃんを産みたいなら、アメノミナカヌシの力を借りてみよう。

他にも （縁結び）（厄除・開運）（お金）（家内安全）（子宝・安産）（諸願成就）（仕事）（健康・長寿）（学問・芸術）

女子のしあわせを引き寄せる、神さまカタログ

> もっと知りたい

恋愛・結婚に効く、この神さま

宇宙の根源

造化三神のひとりであるアメノミナカヌシは宇宙の根源、至高の神として君臨している。天の中心ですべてを支配するという意味の名を持つアメノミナカヌシは、そこから北極星を祀る妙見信仰とも習合。北極星が指す北は水をつかさどるため、羊水のパワーを高めて赤ちゃんを守るともいわれる。

子は育つ

アメノミナカヌシは天と地が別れはじめた頃に生まれたが、『古事記』にも『日本書紀』にもそれ以外の記述はなく、生まれてすぐに隠れてしまったといわれる。しかし、アメノミナカヌシが手を出さずとも次々と国はでき、神さまも生まれた。妊娠中は不安になることも多いだろうが、心配してあれこれ気をもみ過ぎなくても、自分が健康で過ごしていれば子どももお腹の中ですくすく育つはず。

水天宮で安産祈願

福岡県久留米にある水天宮は、全国の水天宮の総本宮。妊娠5カ月目の最初の戌の日に腹帯を巻いて安産祈願する風習があるが、ここで安産祈願をすると親子御守がもらえる。また、境内には体の痛いところと同じ場所を撫でると痛みがとれるといわれる「肥前狛犬」があるので、つわりがひどい場合にも訪れてみては？

子宝いぬ

安産祈願を戌の日にするのは、犬が多産でお産も軽いため。それにあやかり、東京水天宮には「子宝いぬ」という母犬が子犬を見つめる像がある。周囲には十二支が並んでおり、自分の干支を撫でると安産や子授けのご利益があるという。縁起物の福犬もゲットしよう！

女子力アップに、この神さま ― 自分を高めてくれる、この神さま ― 暮らしをステキにしてくれる、この神さま ― 困ったときの、この神さま

! ここに行けば、会える！

● 水天宮（福岡県） ● 東京水天宮（東京都） ● 相馬中村神社（福島県）
● 千葉神社（千葉県） ● 八代神社（熊本県） ほか

母なる海より生まれた聖母

玉依姫命
タマヨリヒメノミコト

子育ての神さま

御利益
海のように広く穏やかな気持ちで育児ができる、子育ての神さま

姉のトヨタマヒメの子どもを姉に代わって立派に育て上げ、自らも4人の子どもの母として奮闘したタマヨリヒメノミコト。生命の源である海の神の娘であるタマヨリヒメは、豊穣や母性のシンボルであり、聖母とされる。もし子育てに悩んでいるなら、彼女のパワーに触れて、穏やかな気持ちを取り戻そう。

他にも｜縁結び｜厄除・開運｜お金｜家内安全｜**子宝・安産**｜諸願成就｜仕事｜健康・長寿｜学問・芸術

もっと知りたい

姉の子どもも代わりに育てた

トヨタマヒメの妹で、姉が産んだウガヤフキアエズノミコトを代わりに育てた。自分の子どもでも育てるのは大変なのに、姉の子も立派に育て上げたタマヨリヒメにお参りすれば、あなたの悩みも解決するかも。

神の子を生む女神

姉の子であるウガヤフキアエズが成長すると、やがて彼と結婚し、4人の子をもうける。その末っ子のカムヤマトイワレビコノミコトは古事記や日本書紀に登場する神武天皇である。タマヨリヒメは神の子を生む女神として知られているが、あなたの子どももあなたにとっては神さまのように尊い存在のはず。それをもう一度思い出してみて。

下鴨神社

京都府の下鴨神社には、丹塗矢伝説と呼ばれるものがある。それは、タマヨリヒメが鴨川で遊んでいると丹塗矢が流れてきて、それを持ち帰って寝室に置いておいたところ、身籠ったというもの。その子が、上鴨神社の祭神カモワケイカヅチノミコトだという。また、下鴨神社摂社には「なりたい顔になれる」という鏡絵馬というものも。顔が描かれた絵馬に化粧を施すのだが、母親といえども、疲れた顔ばかりしていては子どもも心配してしまう。絵馬を美しく化粧して自信を取り戻し、自分も子どもも笑顔にしよう。

玉前神社

千葉県の玉前神社には、「子宝・子授けイチョウ」と呼ばれる銀杏の木がある。向かって右からお父さん、子ども、お母さんといわれており、お父さん、お母さん、子どもの順に両手で触れてお願いするとご利益があるとされる。

ここに行けば、会える！

- 下鴨神社＝賀茂御祖神社（京都府）
- 玉前神社（千葉県）
- 吉野水分神社（奈良県）
- 青海神社（新潟県）
- 宇美八幡宮（福岡県）ほか

夫イザナギとともにたくさんの子を生んだ

伊邪那美命
イザナミノミコト

子宝の神さま

御利益
宝のような子どもを授けてくれる、子宝の神さま

　夫であるイザナギとともに、天沼矛で海をかき混ぜてオノゴロ島を作り、国や数々の神さまを生んだイザナミノミコトは、子宝の神さまとして親しまれている。子宝に恵まれたいなら、イザナミにお願いしてみよう。また、彼女は延命長寿の神さまでもあるので、大事な子どもの成長も一緒に見守っていけるはず。

他にも　縁結び　厄除・開運　お金　家内安全　子宝・安産　諸願成就　仕事　健康・長寿　学問・芸術

女子のしあわせを引き寄せる、神さまカタログ

もっと知りたい

たくさんの神を次々と生んだ

イザナミは、日本の国土となる多くの島々をはじめ、土や水、火、穀物など、あらゆるものをつかさどる神や国を次々と生んだ。不妊に悩んでいる人も、これほど子宝に恵まれた彼女にお参りすれば、きっと子どもを授かるはず。

子どもは宝

カグツチという火の神を生んだことで陰部をやけどし、それが原因で亡くなってしまうイザナミ。旦那さんであるイザナギは怒り悲しみ、我が子であるカグツチを斬り殺してしまったが、イザナミはきっとそれを悲しんだだろう。どんなにやんちゃで手のかかる子でも、親にとって子どもは宝。命がけで生んだ子どもを手にかけることはなかったはず。イザナミは、子どもを大切に思う心も思い出させてくれる。

夫イザナギと夫婦で祀られる多賀大社

滋賀県の多賀大社にはイザナミとイザナギが夫婦で祀られており、人々からお多賀さんと呼ばれて親しまれている。「お伊勢参らばお多賀へ参れ　お伊勢お多賀の子でござる」と言われるが、これは伊勢神宮の祭神がアマテラスだったため。しゃもじをお守りとして授ける「お多賀杓子」や祈願の白石に願い事を書いて「寿命石」の上に奉納するなど、特に延命長寿にご利益があるものが多い。

子どもと一緒に

花窟神社はイザナミが亡くなった地といわれており、その原因となったカグツチも一緒に祀られている。ここにはカグツチの神霊を祀った岩があるのだが、彼がイザナミの子どもだからという理由でそれを王子ノ窟と呼ぶ。

ここに行けば、会える！

● 多賀大社（滋賀県）　● 花窟神社（三重県）　● 伊弉諾神宮（兵庫県）
● 伊佐須美神社（福島県）　● 波上宮（沖縄県）ほか

女子力アップに、この神様

もっとかわいくなりたい！
今度こそダイエットに成功したい！
いつも笑顔の性格美人になりたい！
いつまでも若々しくいたい！
女子力をアップして、もっとステキな女性になりたいあなたに。
愛され美人、美肌、若返り、ダイエット、おもてなし……
などなど、あなたの女子力をいま以上にパワーアップしてくれる、
神さまたちを紹介します。

弁天さまとも呼ばれる美人三姉妹

宗像三女神
ムナカタサンジョシン

美人の神さま

御利益 美しくてお金持ちにもなれる、愛され美人の神さま

宗像三女神は、そろって美人と有名だった三姉妹の女神。なかでも次女のイチキシマヒメはとくに美しく、弁財天とも同一視される。美の神であると同時に、芸事の神、財福の神でもある。宗像三女神のパワーをもらえば、「かわいくて、才能もあって、お金持ちになれる」という、欲ばり女子のお願いもかなうはず！

他にも｜縁結び｜厄除・開運｜**お金**｜家内安全｜子宝・安産｜諸願成就｜**仕事**｜健康・長寿｜**学問・芸術**

> もっと知りたい

神秘的な生まれの美人三姉妹

アマテラスとスサノオが誓約という占いをした際、アマテラスがスサノオの剣を噛み砕き、吹いた霧の中から生まれたと言われる。オキツシマヒメ、イチキシマヒメ、タギツヒメの三姉妹からなる神さまの総称で、そろって美人と有名。

愛されてお金持ちになれる

七福神のなかのひとり弁財天と同一視される次女のイチキシマヒメノミコトは、姉妹のなかでもとびっきりの美人。それに、弁財天には財宝の神としての面もある。美しさだけでなく、財も授けてくれる弁天さまにお願いすれば、玉の輿にだって乗れちゃうかも！？

海の神さま

トップランクの実力をほこる海の神でもある。名前の「多紀理（タギリ）」「多岐都（タギツ）」は潮流が速く激しい様子、「市杵島」は「神霊を斎き祀る島」という意味で、厳島神社の名前の由来でもある。海に建つ大鳥居がシンボルの広島・嚴島神社、荒海で知られる北九州の玄界灘をのぞむ宗像大社、海に囲まれた"日本のモンサンミッシェル"神奈川県江ノ島の江島神社などに祀られており、お参りすれば海にも行けて一石二鳥。

心の汚れを落とす美人弁天

宗像三女神を祀る神社といえば、広島県の嚴島神社と福岡県の宗像大社が有名だが、"美人"のご利益なら栃木県の足利にある厳島神社もオススメ。ここの弁財天は美人弁天と呼ばれており、なでると健康・長命・美のご利益があるとされる「なで弁天」や心のやさしさを守り、証明してくれる「美人証明」というお守りもある。

オ〜ホホホホホホホホホホ……

私…いろんな才能があってごめんなさ〜い

恋愛・結婚に効く、この神さま

女子力アップに、この神さま

自分を高めてくれる、この神さま

暮らしをステキにしてくれる、この神さま

困ったときの、この神さま

❗ ここに行けば、会える！

● 嚴島神社（広島県） ● 宗像大社（福岡県） ● 厳島神社（栃木県）
● 江島神社（神奈川県） ● 竹生島神社（滋賀県） ほか

月の不老不死パワーをつかさどる

月読命
ツキヨミノミコト

若返りの神さま

御利益……身も心も若返らせてくれる、アンチエイジングの神さま

太陽の神・アマテラスオオミカミを姉にもつ、月の神さま。名前のツキヨミは、月の満ち欠けを数える＝暦を読むという意味。月の満ち欠けの繰り返しは生死の反復と考えられ、古来より月には不老不死のパワーがあるとされてきた。月の力をつかさどるツキヨミノミコトのパワーで、身も心も若返ろう。

他にも｜縁結び｜厄除・開運｜お金｜(家内安全)｜子宝・安産｜(諸願成就)｜仕事｜健康・長寿｜学問・芸術

女子のしあわせを引き寄せる、神さまカタログ

もっと知りたい

夜をおさめ、暦を支配する

月の満ち欠けを数える＝暦を読むという意味の名を持つツキヨミノミコト。太陽神であるアマテラスを姉にもち、2人がケンカしたために昼と夜ができたとされている。満ち欠けを繰り返す月は、不老不死と結びつけられることが多い。

多くの人が恋焦がれた"変若水"

ツキヨミノミコトは、飲めば若返るといわれる「変若水（おちみず）」という水をもっているとされる。変若水は、いくつもの歌に詠むほど人々が恋焦がれたもの。"若返りたい"という思いは、昔から多くの人が抱いてきた願いだ。そんな変若水をもつツキヨミなら、気持ちだって若返らせてくれるだろう。この神さまにお願いすれば、趣味や本、人など、あなたの気持ちをワクワクさせるような、あなたにとっての「変若水」と出会えるかも。

出羽三山・月山神社

山形県の月山、羽黒山、湯殿山を合わせて出羽三山と呼ぶが、その月山の山頂にある月山神社では、ツキヨミを祀っている。月山は生と死をつかさどる山とされており、その山の懐には「変若水の湯つたや」という温泉もある。月山神社にお参りしたあとは、変若水の湯で疲れを癒し、心身ともに若返ろう。

「若水汲み」で新しい自分にリフレッシュ

元旦の早朝に水を汲む「若水汲み」という風習があるが、これは月のパワーを不老不死と結びつける信仰が生活に根付いたもの。穢を洗い落とし、水に宿る新たな生命力を授かるという意味があるので、月初めやリスタートしたいときに水を汲みに行くのもいいかも。

ここに行けば、会える！

- 出羽三山・月山神社（山形県）
- 月読神社（京都府）
- 賀蘇山神社（栃木県）
- 伊勢神宮内宮・別宮月読宮（三重県）
- 西寒田神社（大分県）ほか

恋愛・結婚に効く、この神さま / 女子力アップに、この神さま / 自分を高めてくれる、この神さま / 暮らしをステキにしてくれる、この神さま / 困ったときの、この神さま

乙姫のルーツになった美女

豊玉姫命
トヨタマヒメノミコト

美肌の神さま

御利益

お肌の悩みを解決し美しい肌を与えてくれる、美肌の神さま

トヨタマヒメノミコトはとても美しく、乙姫さまのモデルになったともいわれる。また、彼女が助けたナマズが美しい肌の白ナマズになったことから美肌の神さまとしても知られる。素肌が美しいと、美人度もよりアップするもの。透きとおるようなツルツル美肌をゲットしたいならこの神さまにお願いしよう。

他にも　縁結び　厄除・開運　お金　家内安全　子宝・安産　諸願成就　仕事　健康・長寿　学問・芸術

もっと知りたい

乙姫さまのルーツ

海の神の娘であるトヨタマヒメは、肌がとても白く、美しかった。海の神の宮にやってきた山幸彦はそんな彼女に一目惚れし、そこで一緒に暮らす。しかし、地上で出産する際、サメの化身でもあったトヨタマヒメは本来のサメの姿に戻っており、それを山幸彦に見られたことを恥じて、子どもを置いたまま海に帰ってしまう。この話から、乙姫さまのモチーフになったとも言われている。

傷を負ったナマズが美しい肌に

トヨタマヒメが傷を負ったナマズに温泉をかけると、美しい肌の白ナマズになり、そのお礼にナマズはトヨタマヒメの遣いとなった。その後、皮膚病をそのナマズが治癒したという話もある。佐賀県の豊玉姫神社には白ナマズのお社があり、撫でると美肌になるそう。

温泉街にある豊玉姫神社

佐賀県の豊玉姫神社は、日本三大美肌の湯にも選ばれた嬉野温泉街の中にある。嬉野温泉の泉質はナトリウムを多く含む重曹炭で、古い角質を落とし、お肌をツルツルにしてくれる。名物の温泉湯豆腐も食べてさらに美肌になっちゃおう！

知覧の豊玉姫神社

トヨタマヒメは鹿児島で亡くなったとされており、鹿児島の知覧にある豊玉姫神社の近くには、豊玉姫御陵がある。また、ここは知覧茶も有名。緑茶は飲むだけでも美容効果があるが、緑茶洗顔や緑茶パックも美肌効果が高いので、知覧茶でお手製パックを作ってみては？

! ここに行けば、会える！

- ●豊玉姫神社（佐賀県）　●豊玉姫神社（鹿児島県）
- ●若狭姫神社（福井県）　●鹿児島神宮（鹿児島県）　●海神神社（長崎県）ほか

― 恋愛・結婚に効く、この神さま ― 女子力アップに、この神さま ― 自分を高めてくれる、この神さま ― 暮らしをステキにしてくれる、この神さま ― 困ったときの、この神さま ―

天岩戸をこじあけた怪力の持ち主

天手力男命
アメノタヂカラオノミコト

スタイルアップの神さま

御利益
健康的で美しいスタイルを与えてくれる、スタイルアップの神さま

アマテラスが引きこもった天岩戸をこじあけ、その戸を投げ飛ばした力持ちのアメノタヂカラオノミコト。その怪力から、人間の肉体の筋力に宿る霊の神格化と考えられ、筋肉、スポーツの神さまとされる。健康的で美しいスタイルになるため、運動をがんばりたいなら、この神さまに背中を押してもらおう。

他にも｜縁結び｜**厄除・開運**｜お金｜家内安全｜子宝・安産｜諸願成就｜仕事｜健康・長寿｜**学問・芸術**

> もっと知りたい

天岩戸を投げ飛ばすほどの力持ち

「天界でもっとも手の力の強い男」という意味の名前をもつアメノタヂカラオは、アマテラスが引きこもってしまった天岩戸をこじあけ、その岩の扉を投げ飛ばしたほどの力持ち。そこから、筋肉の神さま、スポーツの神さまとして人々に親しまれている。

不安を振り払い、新たな世界へと導いてくれる

アメノタヂカラオは、天岩戸に引きこもってしまったアマテラスの手を引き、外の世界へと導き出した神さまでもある。年齢とともに体についた余分なお肉は落ちにくくなるけど、筋力も落ちるし、今さらダイエットなんて……とためらうあなたの気持ちを振り払い、一歩踏み出すための後押しをしてくれる。

山に触れると、より恩恵アップ！

筋肉やスポーツだけでなく、山の神としての側面もあるアメノタヂカラオ。登山に挑戦して山ガールになってみると、より彼の恩恵を得られるかも。そこまでの時間がとれない人はボルダリングに通ってみるのもいい。どちらも体幹を鍛え、姿勢をよくするので、見た目にも美しくなれるはず。

戸隠神社を歩こう

アメノタヂカラオが投げ飛ばした岩の扉が落ちたといわれるのが、長野県の戸隠神社。この神社は参道入口から奥社まで歩いて往復1時間半ほどかかるので、参詣するだけでも十分ハイキングになる。さらに上級者になると、そこから先の戸隠山や九頭龍山への登山にチャレンジしてみてもいいかも。

! ここに行けば、会える！

- 戸隠神社（長野県） ● 安賀多神社（宮崎県） ● 手力雄神社（岐阜県）
- 意富比神社＝船橋大神宮（千葉県） ● 雄山神社（富山県） ほか

米・肉・魚バランスのとれた食事を生み出した

保食神
ウケモチノカミ

ダイエットの神さま

御利益
ヘルシーな食事で美しい体型にしてくれる、ダイエットの神さま

食 物をつかさどるウケモチノカミは、ツキヨミをもてなすために口から米や肉、魚を出して振る舞うのだが、それに怒ったツキヨミに殺されてしまう。そして、その死体から牛や馬、穀物などができた。肉や魚、穀物といったさまざまな食材を生み出すウケモチにお参りすれば、きちんとした食生活でダイエットできるはず。

他にも｜縁結び｜厄除・開運｜お金｜家内安全｜子宝・安産｜諸願成就｜仕事｜健康・長寿｜学問・芸術

> もっと知りたい

ごはん、魚、獣を吐き出し、死体からも穀物が

ウケモチは、陸に向かってごはん、海に向かって魚、山に向かって獣を吐き出し、ツキヨミに振る舞った。しかし、ツキヨミは「吐き出したものを食べさせるなんて」と怒り、斬り殺してしまう。その後、ウケモチの死体の頭から牛や馬、額に粟、目に稗、お腹に稲、陰部から麦と大豆や小豆ができた。

バランスのいい食事

吐き出したものや死体からできたものを見てもわかるように、ウケモチは人が生きていくうえで必要な食材を地上にもたらした。これらを使ったバランスのいい食事をすることで、体の中から健康になっていく。それこそが、ダイエットにつながる。

お寿司の神さま

ウケモチはお寿司の神さまともいわれる。お寿司といえば、炭水化物、脂質、たんぱく質の三大栄養素をいっぺんに摂取することができ、世界的にもダイエット食として注目されている。とくに、貝類はカロリーが低いし、青魚の脂は燃焼されやすく、脂肪になりにくいのでオススメ。ガリや汁物、お茶を一緒にいただくのもお忘れなく。

北海道・岩内神社

ウケモチを祀る岩内神社がある北海道の岩内町には、「たちかま」という名物がある。これはスケトウダラの白子で作った練り物で、わさび醤油で食べるのが一般的だが、バター焼きもおいしいそう。低カロリーでダイエットにもピッタリ。デトックス効果があるといわれる明日葉の名産地でもあるので、食べて健康になろう。

! ここに行けば、会える!

●岩内神社(北海道) ●猿賀神社(青森県) ●駒形神社(岩手県)
●箭弓稲荷神社(埼玉県) ●金立神社(佐賀県) ほか

――恋愛結婚に効く、この神さま 女子力アップに、この神さま 自分を高めてくれる、この神さま 暮らしをステキにしてくれる、この神さま 困ったときの、この神さま

天照大神の侍女として万事を調整

大宮能売命
オオミヤノメノミコト

おもてなしの神さま

御利益
みんなに笑顔で接することができる、おもてなしの神さま

アマテラスの侍女として仕えていたオオミヤノメノミコト。アマテラスを思いやり、気持ちを察して万事うまくいくように動いていた彼女は、その立ち居振る舞いも美しく、愛嬌があったため、接客やおもてなしの神さまとして知られる。人と接するときに、やさしさや思いやりの心をもちたいなら彼女にお願いしてみよう。

他にも｜縁結び｜厄除・開運｜お金｜**家内安全**｜子宝・安産｜諸願成就｜**仕事**｜健康・長寿｜学問・芸術

> もっと知りたい

神さまたちの調整役として活躍

天皇からアマテラスへの供え物はオオミヤノメの仲介によってなされ、彼女は善言美詞を駆使して君臣の間を取りもったといわれる。その優美な立ち居振る舞いや愛嬌のよさから宮風神とも呼ばれ、販売や旅館などの接客業やおもてなしの神とされてきた。マニュアル通りではなく、相手の心を汲むためのヒントをオオミヤノメは教えてくれるはず。

笑顔でやさしい気持ち

人と神さまだけでなく、人と人の間もとりもったオオミヤノメ。やさしさや思いやりは接客の基礎だが、それがあれば仕事だけでなく、家族や恋人にもいつも笑顔で、やさしい気持ちで接することができるはず。

伏見稲荷大社で、おもてなし

ウカノミタマとの関係が深く、もとはウカノミタマに仕える巫女だったともいわれるオオミヤノメ。そのため、伏見稲荷大社でも主祭神として上社に祀られている。そんな伏見稲荷大社には、参詣者のための宿泊施設「参集殿」がある。1階には食堂もあり、誰でも利用できるので、まずはここで「おもてなし」されてみては？

狛犬に願いを

新潟県にある湊稲荷神社には、「願懸け高麗犬」と呼ばれる少し変わった狛犬がいる。かつて花街だったこの地方では、愛する船乗りが出て行かないよう、遊女が狛犬の向きを変えて荒天を願ったことから、狛犬を回して願掛けをするようになった。女性は向かって左、男性は右の狛犬を回しながら願い事をすると叶うという。

❗ ここに行けば、会える！

● 伏見稲荷大社上社・南座（京都府）　● 湊稲荷神社（新潟県）
● 大宮売神社（京都府）　● 祐徳稲荷神社（佐賀県）　ほか

恋愛結婚に効く、この神さま　女子力アップに、この神さま　自分を高めてくれる、この神さま　暮らしをステキにしてくれる、この神さま　困ったときの、この神さま

杖から生まれて日本中を歩き回った

岐神
クナドノカミ

美脚の神様

御利益
健康的でひきしまった脚を与えてくれる、美脚の神さま

国 譲りにおいて、タケミカヅチやフツヌシノミコトを先導したのがクナドノカミ。彼らは高天原から出雲、信州など、国内をあちこち巡りながら平定していった。そのため、足腰健康・美脚の神さまとして信仰されている。美しく引き締まった健康的な美脚をゲットしたいなら、クナドノカミにお参りしてみよう。

他にも | 縁結び | 厄除・開運 | お金 | 家内安全 | 子宝・安産 | 諸願成就 | 仕事 | 健康・長寿 | 学問・芸術

もっと知りたい

杖から生まれた足腰の神

黄泉の国から帰ってきたイザナギが、禊をするために投げた杖から生まれたのがクナドノカミと言われている。「クナド（来な処）」には「来てはならない所」という意味があり、追ってきたイザナミを遠ざける結界の役割も果たした。美脚のために頑張っているなら、あらゆる誘惑からもクナドノカミが守ってくれる。

神を先導

タケミカヅチとフツヌシは、オオクニヌシの子であるタケミナカタを説得するため、出雲から信州まで追いかける。それを先導したクナドノカミは、かなりの健脚。長い距離を正しい姿勢で歩くことは美脚への第一歩でもある。ただ痩せるのではなく、よく鍛えられた健康的な足を目指すなら、クナドノカミの力を借りよう。

美脚の神社

亀有香取神社には、タケミカヅチとフツヌシとともにクナドノカミが祀られている。足腰の神であるクナドノカミにくわえ、タケミカヅチとフツヌシがスポーツの神さまであることから、より美脚に御利益がある神社として女性に大人気。ぽっくり型の根付「足腰健康美脚守」や草履型の絵馬もあるので、買ってみては？

息栖神社の井戸の底

鹿島神宮と香取神宮と合わせ、東国三社として知られる息栖神社には、クナドノカミが祀られており、日本三霊泉のひとつ、「忍潮井」と呼ばれる2つの井戸もある。その水底にはそれぞれ「男瓶」と「女瓶」があり、女瓶の水を男性が、男瓶の水を女性が飲むと結ばれるという言い伝えがある。

! ここに行けば、会える！

●亀有香取神社（東京都）　●息栖神社（茨城県）ほか

セクシーなダンスで神さまたちを魅了

天鈿女命
アメノウズメノミコト

セクシーの神さま

御利益
みんなを魅了する色気が身につく、セクシーの神さま

　アメノウズメノミコトは、天岩戸で伏せた桶の上に立ち、胸をはだけてセクシーで情熱的なダンスを披露。それでアマテラスを外に誘い出すことに成功したが、彼女はそのダンスで旦那さんであるサルタヒコもゲットした。芸能の神さまでもあるので、人を魅了したい、色気や艶を出したいときには、彼女にお願いしてみよう。

他にも｜縁結び｜厄除・開運｜お金｜家内安全｜子宝・安産｜諸願成就｜仕事｜健康・長寿｜学問・芸術

> もっと知りたい

俳優のルーツ

天岩戸でおもしろおかしく振る舞い、集まった神々を笑わせてアマテラスを誘い出したり、ニニギの道案内をするために来たというサルタヒコの素性を問い質すために踊ったアメノウズメ。踊りであらゆる神を魅了した彼女は、俳優のルーツとも言われる。「俳（わざ）」とは、神が乗り移ったような振る舞いをする芸人や役者のこと。セクシーさを身につけたいなら、憧れの人を思い浮かべたり、色気を纏った自分を想像して、理想の自分を演じてみよう。

気後れしない

サルタヒコと出会ったとき、アマテラスに「気後れしないタイプのあなたが名前を聞きに行きなさい」と言われたアメノウズメ。セクシーさはそのしぐさやボディだけでなく、凛とした芯の強さや、オープンな心があってこそより際立つ。

三重県の椿岸神社

アメノウズメの総本宮とされる、三重県の椿大神社内にある椿岸神社。ここには、待ち受けにすると願いが叶うという「かなえ滝」、玉を撫でながら「祓へ給へ、清め給へ、六根清浄」と3回唱えると願いが叶うという「招福の玉」などがある。椿の形をした「椿恋みくじ」や白無垢と袴デザインの「夫婦守」もあるので、いっぱいパワーをもらっちゃおう。

かんざし

ウズメには「かんざし」という意味がある。かんざしは神霊を宿す依り代。京都にはかんざしのセレクトショップもあったりするので、アメノウズメを祀っている車折神社に行った際には、かんざしを買ってみるとセクシー度がアップするかも。

! ここに行けば、会える！

●椿大神社（三重県） ●車折神社（京都府） ●佐留女神社（三重県）
●佐倍乃神社（宮城県） ●天手長男神社（長崎県）ほか

恋愛・結婚に効く、この神さま／**女子力アップに、この神さま**／自分を高めてくれる、この神さま／暮らしをステキにしてくれる、この神さま／困ったときの、この神さま

桜の花の美しさと儚さを象徴する女神

木花咲耶姫命
コノハナサクヤヒメノミコト

女子力の神さま

御利益

花のような美しさと母の強さを与えてくれる、女子力の神さま

花が咲くような美しさと儚さをもつコノハナサクヤヒメは、ニニギノミコトに一目惚れされて結婚。その見目麗しさから恋愛の神さまといわれている。一方で、燃えさかる炎の中で出産したことから、安産や子授けにもご利益があるとも。花のような美しさと母の強さ、女子力をアップしたいなら、彼女の力を借りてみて。

他にも｜縁結び｜厄除・開運｜お金｜家内安全｜**子宝・安産**｜諸願成就｜仕事｜健康・長寿｜学問・芸術

女子のしあわせを引き寄せる、神さまカタログ

> もっと知りたい

桜の語源にもなった美しい女神

山の神であるオオヤマヅミの娘で、ニニギに一目惚れされて結婚する。コノハナサクヤヒメという名のとおり、木の花のように美しい神さまで、桜の語源ともいわれる。あなたも桜の花のように、可憐で誰もが足を止め、見とれる存在になれるかも。

炎の中で出産

たった一夜で身ごもったといわれるコノハナサクヤヒメには、子宝のご利益もある。しかし、夫のニニギは一夜で妊娠したことが信じられず、ほかの神さまの子ではないかと疑った。それに激怒したコノハナサクヤヒメは、身の潔白を証明するため小屋に火を点け、燃えさかる炎の中でホデリ、ホスセリ、ホオリという3人の子どもを出産。コノハナサクヤヒメにあやかれば、どんな難産だったとしても乗り越えられそう。

甘酒を作った

オオヤマヅミが娘の出産祝いに狭名田の稲穂で甘酒を作ったことから、親子で酒造の神とされる。宮崎県の都萬神社には、コノハナサクヤヒメが母乳がわりに甘酒を作って飲ませたという言い伝えも。

富士山とコノハナサクヤヒメ

コノハナサクヤヒメは富士山の神霊としても知られる。そのため、富士信仰の総本山・富士山本宮浅間大社には桜の木がたくさん植えられており、桜の名所としても有名。また、陣痛中の妊婦さんに赤色で富士山と太陽の絵を描いてもらい、それを携帯の待ち受けなどにしておくと子宝に恵まれるというジンクスも。

! ここに行けば、会える！

● 富士山本宮浅間大社（静岡県） ● 箱根神社（神奈川県）
● 梅宮大社（京都府） ● 浅間神社（山梨県） ● 都萬神社（宮崎県） ほか

恋愛・結婚に効く、この神さま　女子力アップに、この神さま　自分を高めてくれる、この神さま　暮らしをステキにしてくれる、この神さま　困ったときの、この神さま

自分を高めてくれる、この神様

自分らしく働きたい！
新しい仕事にチャレンジしたい！
職場でもっと評価されたい！
資格をとりたい！
英語が話せるようになりたい！
自分磨きをしたい気持ちはあるんだけれど……というあなたに。
資格試験、アイデア力、プレゼン力、出世、海外旅行……
などなど、新しい知識やスキルを身につけ、あなたを高めてくれる、神さまたちを紹介します。

はじめて地上に降りたニニギを先導

猿田彦神
サルタヒコノカミ

道案内の神さま

御利益　人生の分かれ道で背中を押してくれる、道案内の神さま

新しいことを始めたり、決断するのはとても勇気がいる。それが自分にとって大きいこと、大切なことならなおさらだ。自分だけじゃどうしてもその「あと一歩」が踏み出せないなら、サルタヒコにお願いしてみよう。初めて地上に降り立ったニニギの道案内を任されたこの神さまなら、あなたの背中を押してくれる。

他にも｜縁結び｜厄除・開運｜お金｜家内安全｜子宝・安産｜諸願成就｜**仕事**｜健康・長寿｜学問・芸術

> もっと知りたい

未知の世界を道案内

ニニギのように未知の地を歩くのはとても不安だろう。でも、サルタヒコは行路の安全を守る役目も担ってくれる。あなたが一歩踏み出す勇気を出しさえすれば、もとは太陽神でもあるサルタヒコが行く先を明るく照らしてくれるだろう。

天狗のルーツ

鼻が長く、口とおしりが明るく光っていて、目もほおずきのように真っ赤。『日本書紀』にこう書かれたサルタヒコは、天狗の元祖と言われている。そして、その姿は神輿渡御の際に天狗のようなお面をつけ、高下駄を履き、鉾を持って歩く先導役と同じ。サルタヒコにお願いすれば、きっとあなたにとっての良い道へと導いてくれるはず。

椿大神社

先導の役目を終えたサルタヒコは、ニニギに随行していたアメノウズメと伊勢に帰って結婚した。そんな縁深い三重県にあるのが、サルタヒコを祀る神社の総本山である椿大神社。境内には金龍明神の滝があり、みそぎ修行を行うことができる。行く先に迷ったり、旅立ちへの決意を固めるときは、みそぎで迷いも洗い流してしまおう。

白鬚神社

サルタヒコを祭神とする神社でもうひとつ有名なのが、白鬚神社。その本源社で、琵琶湖に浮かぶ幻想的な鳥居が印象的な白鬚神社には、著名人の歌碑や句碑がたくさんある。なかでも有名なのが、紫式部が故郷を思って詠んだ歌。旅の途中で不安になったならここに来て、それまでの道のりや故郷に思いを馳せてみるといいかも。

恋愛・結婚に効く、この神さま
女子力アップに、この神さま
自分を高めてくれる、この神さま
暮らしをステキにしてくれる、この神さま
困ったときの、この神さま

! ここに行けば、会える！

● 椿大神社（三重県） ● 白鬚神社（滋賀県） ● 巻堀神社（岩手県）
● 高山稲荷神社（青森県） ● 大麻比古神社（徳島県） ● 祐徳稲荷神社（佐賀県） など

幼い頃から優秀で十代で官僚試験に合格

菅原道真
スガワラノミチザネ

試験の神さま

御利益
趣味や仕事の資格試験に合格させてくれる、試験の神さま

菅原道真といえば、学問の神さまとして有名。天神さまの愛称で親しまれている彼は、幼い頃から数々の試験をクリアし、若くして右大臣にまで昇りつめた。資格をゲットして、ひとつランクアップした自分になりたい。自分の可能性を試してみたい。そんなときは、学問の神さまとして有名なこの神さまの力を借りよう。

 縁結び / 厄除・開運 / お金 / 家内安全 / 子宝・安産 / 諸願成就 / 仕事 / 健康・長寿 / 学問・芸術

> もっと知りたい

幼い頃から秀才と言われた菅原道真

道真は幼い頃から優秀で、18歳の時には国家公務員試験の科目のひとつ「進士」に合格。さらに、23歳で上級の「秀才」にも合格して出世し、右大臣にまで昇りつめる。おまけに詩の才能や、学者、政治家としての才能もあったことから学問・受験の神さまとして信仰されるようになった。

切っても切れない道真と梅の関係

道真を妬んだ藤原時平にはめられ、太宰府に左遷されることになった際、京都で梅の木に「東風吹かば匂い起こせよ梅の花主なしとて春な忘れそ」と詠むと、その梅が太宰府に飛んできたという"飛梅伝説"は有名だ。そこから、梅には「忠実」「忍耐」といった花言葉がつけられたと言われている。あなたも梅のパワーを借りて受験を乗り切ろう！

天満宮にいる遣いの牛

道真の生まれや亡くなったのが丑の日とか、牛が刺客から救ったなど、さまざまな言い伝えがあり、牛と道真の関係も深いものだと思われている。だから、天満宮には牛の像がいたるところにあり、頭を撫でると頭が良くなり、体の悪い部分を撫でると病気が治るといわれている。大切な試験の本番に体調万全で臨むためにも、牛はしっかりと撫でておいたほうがいいかも？

名物を食べて、エネルギーをもらう

太宰府天満宮には名物の梅ケ枝餅があるが、北野天満宮にも長五郎餅や粟餅などがあるので、勉強の息抜きや糖分補給にこれらの特産品を食べて力をもらおう。

> ！ ここに行けば、会える！
>
> ●太宰府天満宮（福岡県）　●北野天満宮（京都府）　●湯島天神（東京都）
> ●防府天満宮（山口県）　●與喜天満神社（奈良県）ほか

自分を高めてくれる、この神さま

天岩戸事件をアイデアで解決

八意思兼命
ヤゴコロオモイカネノミコト

アイデアの神さま

御利益……みんなをアッと言わせるアイデアがひらめく、アイデアの神さま

天岩戸事件を見事に解決したのが、ヤゴコロオモイカネノミコト。知恵の神さまとして知られる彼は、ほかにも神さまが初めて地上に降り立つ天孫降臨やオオクニヌシからの国譲りなど、高天原にとっての重大事で参謀的役割を果たした。彼にお参りすれば、あなたも次々とステキなアイデアが湧いてくるようになるはず。

他にも｜縁結び｜**厄除・開運**｜お金｜家内安全｜子宝・安産｜諸願成就｜**仕事**｜健康・長寿｜**学問・芸術**

> もっと知りたい

天岩戸事件解決のプロデューサー

ヤゴコロオモイカネノミコトは、天岩戸のプロデューサー。天岩戸に隠れたアマテラスを外に誘い出すための計画を立て、配役を決め、指示を出したのが彼だ。踊りや説得役、供える宝具選びから最後に戸を閉められないようにするための力持ちまで、あらゆる場合を想定して準備していた。

「ヤゴコロ」の意味

「ヤゴコロ」とは、いろいろな立場から考えるという意味。「カネ」に使われている兼という字には、2つ以上のことを一緒にあわせる、兼ね備えるという意味がある。あなたもヤゴコロオモイカネのように、いろんな立場や角度から物事を見たり、いろんなものを組み合わせることで、新たなひらめきを得られるはず。

秩父神社のお元気三猿

ヤゴコロオモイカネを祀る秩父神社の社殿の西側には「よく見て、よく聞いて、よく話す」という意味の「お元気三猿」と呼ばれる彫り物がある。行き詰ったら外に出て、いろんなものを見て、いろんなことを聞いて、いろんな人といろんな話をしてみよう。

戸隠神社中社のパワースポット

戸隠神社の中社に祀られているヤゴコロオモイカネ。三本杉や中社の滝などがパワースポットとして有名だが、もうひとつオススメなのが、神社の近くにある鏡池。水面に戸隠山を映すこの池は、季節や天気、時間帯によってもさまざまな表情を見せる。ここに行けば、それまで見えていなかったものが見えてくるかも。

! ここに行けば、会える！

- 秩父神社（埼玉県）
- 戸隠神社（長野県）
- 地主神社（京都府）
- 気象神社（東京都）
- 静神社（茨城県）
- 天岩戸神社（宮崎県） ほか

恋愛結婚に効く、この神さま／女子力アップに、この神さま／**自分を高めてくれる、この神さま**／暮らしをステキにしてくれる、この神さま／困ったときの、この神さま

岩戸にこもった天照大神を説得

天児屋根命
アメノコヤネノミコト

言葉の神さま

御利益
交渉・説得・プレゼン…
人を動かす言霊を与えてくれる、
言葉の神さま

天岩戸にこもったアマテラスを説得した言葉の神さま。それが、アメノコヤネノミコトだ。祝詞の神として知られるが、この祝詞は人間が神とコミュニケーションをとる手段でもある。誰かを説得したいときやプレゼンテーションの場など、考え方や立場が違う人に対して何か伝えたいなら、アメノコヤネにお願いしてみよう。

他にも | 縁結び | 厄除・開運 | お金 | 家内安全 | 子宝・安産 | 諸願成就 | 仕事 | 健康・長寿 | 学問・芸術

世界を救ったアマテラス説得作戦

天岩戸の前で、いかにアマテラスが偉大な存在か、その美しさや高貴さ、彼女が秘めている無限のパワーなどを褒めたたえたアメノコヤネ。相手の心を開くためにも、褒めるということは大切。褒めるためには、それだけ相手のことをよく見て、知る必要がある。思いを届けたいなら、相手をじっくり観察してみて。

言霊

アメノコヤネは、初めて祭りを行い、祝詞をあげたとも言われている。祝詞は、もともと神さまに感謝や敬意の気持ちを伝え、さらなる加護や幸福を願うためにあげられるものだった。日本では、言霊という言葉もあるように、言葉に力が宿ると言われている。落ち込んだとき、迷ったときこそポジティブな言葉を口にしてみよう。

笑い声のもつパワー

言霊は、笑い声にももちろん宿る。アメノコヤネを祀る大阪の枚岡神社では、毎年12月25日に「お笑い神事」が行われる。これは、宮司に続いて「あっはっは〜」と3回笑い、その後は20分間みんなで笑うというもの。みんなで声を出して笑っていると、不思議と楽しい気持ちになってくるはず。

春日大社

藤原氏の氏神のひとつで、奈良の春日大社にも祀られているアメノコヤネは、出世の神さまでもある。ビジネスにおいてプレゼンや交渉など、人を説得する機会は多く、出世に必要不可欠なスキル。そんな言葉を巧みに操るスキルを身につけたいなら、春日大社を訪ねてみよう。

ここに行けば、会える！

●春日大社（奈良県）●枚岡神社（大阪府）●大原野神社（京都府）●鳥越神社（東京都）●鳥越神社（東京都）●五社神社（静岡県）ほか

七福神のメンバーでもある「えびすさま」

蛭子命
ヒルコノミコト

商売の神さま

御利益……
お客さまに愛されて
お金も儲かる、商売の神さま

大黒さまと並び、商売繁盛の神さまとして有名な七福神のえびすさま。そんなえびすさまの出自にはいろんな説があるが、もっとも多いのがヒルコノミコトだというもの。海からやってきたヒルコは、富と幸福をもたらす福の神として人々に愛された。あなたもヒルコにお願いして、人に愛される商売人になっちゃおう！

他にも　縁結び　厄除・開運　**お金**　家内安全　子宝・安産　諸願成就　**仕事**　健康・長寿　学問・芸術

> もっと知りたい

海からやってきた、神さまの贈り物

ヒルコはイザナギとイザナミの間に生まれた最初の子どもだったが、手足もなく、体が不自由だったため、葦で作った船に乗せて、海に流され捨てられてしまう。しかし、その後、西宮に流れ着き、地元の人に大切に育てられたという説から、彼はえびすさまとして信仰されるようになる。かつて、島国である日本にとって、海からやってくるものは神さまの贈り物で、海からやってきた神を「エビス」と呼んだ。あなたも海に行ってみると、なにかヒントが得られるかも。

みんなを楽しませるサービス精神

えびすさまが全国的に有名になったのは、人形を使う旅芸人の集団の存在が大きい。彼らは、えびすさまをテーマにした「えびすかき」や「恵比寿回し」といった演芸を披露し、多くの人を楽しませた。ヒルコはそのサービス精神が商売繁盛に繋がることを教えてくれる。

目先の利益にとらわれない

商売繁盛の秘訣は、目先の利益だけにとらわれないことだと言われている。捨てられたヒルコがえびすさまとして大切にされたように、何がどう転ぶかはわからないのだから、人との信頼関係やつながりを大事にしよう。

西宮神社のマグロ

えびすさまを祀る総本社・西宮神社といえば、「十日えびす」の福男選びを知らない人はいないと思うが、1月8日には招福大まぐろ奉納式も行われる。凍ったマグロにお賽銭を貼り付けると「お金が身につく」と言われ、商売繁盛と大漁を願って奉納される。

! **ここに行けば、会える！**

● 西宮神社（兵庫県） ● 蛭子神社（神奈川県）
● 桐生西宮神社（群馬県） ● 須部神社（福井県）ほか

数々のミッションをクリアした日本神話の英雄

日本武尊
ヤマトタケルノミコト

成功の神さま

御利益

困難なプロジェクトも成功に導いてくれる、成功の神さま

父の命令で各地の神々を討伐して回ったヤマトタケル。何度も危険な目に遭うが、巧みに策略を巡らし、叔母や奥さんといった数々の女性に助けられながら平定に成功していく。成し遂げたい夢や目標があるなら、この神さまにお願いしてみよう。きっとあなたにも手を差し伸べてくれる人が現れ、成功へと導いてくれる。

他にも：縁結び／厄除・開運／お金／家内安全／子宝・安産／諸願成就／**仕事**／健康・長寿／**学問・芸術**

もっと知りたい

あらゆる指令を成功させたヒーロー

ヤマトタケルといえば、父である景行天皇の命令で西へ東へと出征し、各地の神々を討伐して回った英雄。少年時代には兄の手足をもぎ取って殺しており、猛々しい印象が強いが、女装したり、友人として近づき、油断した隙に相手を殺す策略家でもある。

数々の女性に支えられ、助けられる

実の父には恐れられ、各地の討伐に行かされたヤマトタケル。だが、叔母であるヤマトヒメには女装用の服を借りたり、火打石や草薙剣を授けてもらうなど、幾度も助けられる。また、奥さんであるオトタチバナヒメは旅の途中、荒れる海の神をなだめるために海に入って亡くなってしまうし、出征の途中で出会ったミヤズヒメは帰りに立ち寄るというヤマトタケルの言葉を信じ、待っていてくれる。あなたにも、きっと自分のために身を呈して守ってくれる人や力を貸してくれる人が現れるはず。

白鳥となって舞い降りた地・大鳥神社

大和へ帰り着く前に亡くなったヤマトタケルは、故郷への強い思いから白鳥となって飛び立った。そして、彼が降り立ったといわれる場所に建てられた大鳥神社は、全国各地に広がっている。白鳥が舞い降りた地は稲作が盛んで、大鳥神社では稲の守り神としてヤマトタケルが祀られている。

草薙剣

熱田神宮では、草薙剣がご神体として祀られている。この神社は、織田信長が桶狭間の戦いの前に戦勝祈願に訪れたともいわれる。大事な交渉やプレゼン、自分にとっての勝負時の前にお参りするといいかも。

ここに行けば、会える！

- 熱田神宮（愛知県）
- 大鳥大社（大阪県）
- 焼津神社（静岡県）
- 武蔵御嶽神社（東京都）
- 氣比神宮（福井県）
- 建部大社（滋賀県） ほか

海面、海中、海底をつかさどる"海の三兄弟"

住吉三神
スミヨシサンシン

海外旅行の神さま

御利益
旅の安全を守り、異文化交流を後押ししてくれる、海外旅行の神さま

イ ザナギがあの世から帰ってきたとき、穢れを祓うために海で禊をした。そのときに生まれたのが、住吉三神。港湾をつかさどり、航海の安全を守る神さまでもあったことから、旅の安全を守るだけでなく、海外交流の神さまとしての面も。初めての土地、初めて触れる文化と出会うときは、この神さまにお願いしてみよう。

他にも： 縁結び ／ 厄除・開運 ／ お金 ／ 家内安全 ／ 子宝・安産 ／ 諸願成就 ／ 仕事 ／ 健康・長寿 ／ **学問・芸術**

> もっと知りたい

航海の安全を守ってくれる

イザナギが海で、穢れをすすぎ清める禊をする際、海の底ですすぐとソコツツノオノミコト、中ほどでナカツツノオノミコト、水面の方でウワツツノオノミコトが生まれた。三神合わせて住吉三神と呼ばれる。港湾をつかさどる住吉三神は、航海の安全を守るといわれている。海を越えた遠い海外への旅も彼らがついていれば、安心だ。

異文化交流も怖がらないで

船が出入りする港は、外交の拠点でもある。島国の日本では、人も物も文化も海を越えて港からやってくる。摂津の住之江にある住吉大社は、かつて遣唐船の安全も守っており、今でも海上保安を願って約600基の石灯籠が全国の海運業者などから寄付されている。住吉三神のおかげで、海外とのつながりは守られてきた。留学や海外との交流も、彼らがついていれば大丈夫。

住吉大社

住吉大社の五所御前では、「五」「大」「力」と書かれた小石を自分で探し、それをお守りにすると願いが叶うと言われている。お礼参りには、近所で拾った小石に墨で「五」「大」「力」を書き、住吉大社で拾ったものとあわせて返す。いろんな場所からさまざまな旅をしてきた小石たちのパワーは絶大なはず!

博多の住吉神社

「ツツ」は星を意味するとも言われ、旅において星の輝きは目的地への道しるべだった。三大住吉のうちのひとつ、博多の住吉神社にはそんな星にちなみ、星守というお守りが売られているのでゲットしてみて。きっとあなたの願いへの道筋を明るく照らしてくれる。

❗ ここに行けば、会える!

● 住吉大社(大阪府) ● 住吉神社(福岡県) ● 住吉神社(山口県)
● 住吉神社(長崎県) ● 本住吉神社(兵庫県) ほか

恋愛・結婚に効く、この神さま ── 女子力アップに、この神さま ── 自分を高めてくれる、この神さま ── 暮らしをステキにしてくれる、この神さま ── 困ったときの、この神さま

世界中のことをなんでも知っているかかし

久延毘古命
クエビコノミコト

知識の神さま

御利益 知識や教養を身につけさせてくれる、知識の神さま

ク エビコは、なんでも知っていると言われたカカシの神さま。海から流れてきたスクナヒコナの名前がわからず、困っていたオオクニヌシにその名を教えたのも彼だ。知識や教養の神さまとして知られ、学問上達や受験合格のご利益がある。何か新しいことをはじめたり知識を得たいときは、物知りなクエビコの力を借りよう！

他にも｜縁結び｜厄除・開運｜お金｜家内安全｜子宝・安産｜諸願成就｜仕事｜健康・長寿｜**学問・芸術**

女子のしあわせを引き寄せる、神さまカタログ

サンクチュアリ出版 年間購読メンバー
クラブS

あなたの運命の1冊が見つかりますように

基本は月に1冊ずつ出版。

サンクチュアリ出版の刊行点数は少ないですが、
その分1冊1冊丁寧に、ゆっくり時間をかけて制作しています。

クラブSに入会すると…

■ サンクチュアリ出版の新刊が
すべて自宅に届きます。

※新刊がお気に召さない場合は、他の書籍と交換することができます。

■ 12,000円分のイベントクーポンが
ついてきます。

年間約200回開催される、サンクチュアリ出版の
イベントでご利用いただけます。

その他、さまざまな特典が受けられます。

クラブSの詳細・お申込みはこちらから
http://www.sanctuarybooks.jp/clubs

サンクチュアリ出版 =本を読まない人のための出版社

はじめまして。
サンクチュアリ出版 広報部の岩田です。
「本を読まない人のための出版社」って、なんだソレ！って
思いました？ ありがとうございます。
今から少しだけ自己紹介をさせて下さい。

今、本屋さんに行かない人たちが増えています。
ゲームにアニメ、LINEにfacebook……。
本屋さんに行かなくても、楽しめることはいっぱいあります。
でも、私たちは
「本には人生を変えてしまうほどのすごい力がある。」
そう信じています。

ふと立ち寄った本屋さんで運命の1冊に出会ってしまった時。
衝撃だとか感動だとか、そんな言葉じゃとても表現しきれ
ない程、泣き出しそうな、叫び出しそうな、とんでもない
喜びがあります。

この感覚を、ふだん本を読まない人にも
読む楽しさを忘れちゃった人にもいっぱい
味わって欲しい。
だから、私たちは他の出版社がやらない
自分たちだけのやり方で、時間と手間と
愛情をたくさん掛けながら、本を読む
ことの楽しさを伝えていけたらいいなと思っています。

> もっと知りたい

オオクニヌシとの出会い

海から流れてきたスクナヒコナは、名前を聞いても何も答えず、誰に聞いても彼の名前を知っている人はいなかった。オオクニヌシが困っていると、ヒキガエルが「クエビコなら知ってるはず」とアドバイス。クエビコに尋ねに行くと「その神はカミムスビの子でスクナヒコナです」と教えてくれた。

案山子の話

カカシは、田んぼの中から一歩も動けない。それでもクエビコが物知りだったのは、そこから1日中世界を見ていたから。朝も昼も晩も変わらず、ずっと。ただそれだけのことかもしれないが、何気ないものでも、よく見てみないとわからないことはある。はっきりと言葉にできるものではないかもしれないが、見ているだけで吸収しているものはあるはず。

久延彦神社の展望台

大神神社は三輪山をご神体とする神社で、末社である久延彦神社も山の中にある。社殿の前は展望台になっているので、ここから山を見渡してみよう。カカシのように、ただじっと見てみると、いろんな発見があるかも。

知恵ふくろう

顔がグルッと回り、物事を素早く察知するふくろうは、知恵のシンボルとされる。久延彦神社にはふくろう型の絵馬や、頭を撫でるとご利益があるという「知恵ふくろう」の像もある。七夕のときにそうめんを食べて健康祈願をする風習もあるので、帰りには名物の三輪そうめんを食べて、ついでに健康になろう！

❗ ここに行けば、会える！

● 久延彦神社（奈良県） ● 久氏比古神社（石川県） ほか

恋愛・結婚に効く、この神さま　女子力アップに、この神さま　自分を高めてくれる、この神さま　暮らしをステキにしてくれる、この神さま　困ったときの、この神さま

国譲りを成功させたタフネゴシエーター

建御雷之男神
タケミカヅチノオノカミ

出世の神さま

御利益……周囲の評価がぐーんとアップする、出世の神さま

カグツチの血から生まれた剣の神で、最強の武神として知られるタケミカヅチ。国譲りではその武力だけでなく、すばらしい交渉力を発揮し、大出世する中臣氏（のちの藤原氏）からも守護神として信奉されたことから、出世の神さまともいわれる。彼にお参りすれば、自分のがんばりをきちんと評価してもらえるはず。

他にも｜縁結び｜厄除・開運｜お金｜家内安全｜子宝・安産｜諸願成就｜**仕事**｜健康・長寿｜学問・芸術

> もっと知りたい

国譲りで大活躍

タケミカヅチは、国譲りを成功させるための切り札として派遣された。逆さに立てた十柄剣の上であぐらをかいて直談判し、交渉に応じなかった神さまには相手が望んだ力比べで対決して国を譲らせた。自分の要求を通すために力づくで動くのではなく、相手の納得する形で進める。タケミカヅチは、そんな出世に必要な立ち回り方も教えてくれる。

一地方神から大出世

もとは常総地方の土着神だった鹿島神。そんな鹿島神が一躍有名になったのは、古くから信仰していた中臣氏が大和政権の東国進出の際、最強の武神・タケミカヅチと呼んで朝廷軍の守護神としたから。一地方の神さまから出世したタケミカヅチにお願いすれば、あなたの出世も間違いない!

新たな一歩は鹿島神宮から

茨城県の鹿島神宮は、鹿島神社の総本社。防人が道中の安全を願って鹿島神宮にお参りしたことから、旅に出ることを「鹿島立ち」ともいう。大事な出張や新しい仕事、新規プロジェクトの始まりには、鹿島神宮にお参りしてみて。また、境内には決して涸れないというえ、誰が入っても胸より上の高さにはならないといわれる御手洗池がある。ここに行けば、あなたのアイデアも涸れることなく湧き出てくるかも。

奈良の春日の鹿

中臣氏の氏神を祀るために建てられた奈良の春日大社。タケミカヅチは、茨城の鹿島神宮から白い鹿に乗って春日大社にやってきたといわれている。そのため、ここでは鹿は神の遣いとされ、手水所の像が鹿だったり、鹿絵馬や鹿みくじがあったり、鹿づくし。

! ここに行けば、会える!

●鹿島神宮(茨城県) ●春日大社(奈良県) ●神崎神社(千葉県)
●枚岡神社(大阪府) ●大原野神社(京都府) ほか

「八幡さま」の名前で親しまれる

誉田別命
ホンダワケノミコト

勝負の神さま

御利益
ここぞという勝負時に力を与えてくれる、勝負の神さま

八幡さまとして人々に親しまれている応神天皇ことホンダワケノミコトは、武運の神さまとして知られており、勝負事のあるときにお参りする人は後を絶たない。源氏の守り神として有名だが、戦後は教育や恋愛といった日常生活におけるさまざまな願いを叶える神さまに。何かに絶対勝ちたいときは、お参りしてみよう。

他にも｜縁結び｜厄除・開運｜お金｜家内安全｜子宝・安産｜諸願成就｜仕事｜健康・長寿｜学問・芸術

もっと知りたい

日本で2番目に多い身近な神さま

応神天皇は実在した最初の天皇と言われ、本名であるホンダワケノミコトがそのまま神さまの名前になったとされる。八幡さまことホンダワケを祀る神社の数は稲荷神社につぐ第2位で、それだけ人々に愛されている身近な神さま。

源氏の氏神

源頼義が戦の勝利を祈願するために京都の石清水八幡宮へお参りし、無事勝利したことから、由比ガ浜辺りに鶴岡若宮という分社が建てられる。それから頼朝によって現在の位置に移された鶴岡八幡宮は、源氏が繁栄していく拠点となった。武家政権を支えた源氏の氏神だったことから、ほかの武家からより厚く信仰されるようになる。戦国時代、多くの武将が鎧を奉納したり、八幡さまのご加護を受けた鎧を身に付けて戦場へ向かった。

一生に一度のお願い

全国に4万以上あるといわれる八幡神社。その総本社が、大分県にある宇佐神宮だ。境内にある西の呉橋から右手の方へ登っていくと「願掛け地蔵」があるのだが、誰にも見られずにお参りすると、一生に一度だけ願いを叶えてくれるという。結婚や就職、なにかここ一番という勝負事があるときは、こっそり行ってみよう。

鎌倉・鶴岡八幡宮

鶴岡八幡宮には応神天皇の母親である神功皇后も一緒に祀られているのだが、彼女は身ごもりながら戦地に赴き、戦いに勝利して無事に応神天皇を出産したことから、勝利だけでなく、安産の神さまとしても知られる。そんななか無事に生まれた応神天皇は、やっぱり運をもってる!?

! ここに行けば、会える!

- 宇佐神宮（大分県） ● 鶴岡八幡宮（神奈川県）
- 石清水八幡宮（京都府） ● 氣比神宮（福井県） ほか

暮らしをステキにしてくれる、この神様

おいしい料理をつくりたい！
お部屋をきれいにそうじしたい！
好きな雑貨に囲まれて暮らしたい！
日々の暮らしを、もっと心豊かに自分らしいものにしたい、というあなたに。
お料理、そうじ、ショッピング、エコ……などなど、あなたの暮らしをステキなものにしてくれる、神さまたちを紹介します。

お稲荷さんの愛称で大人気

宇迦之御魂神
ウカノミタマノカミ

ごはんの神さま

御利益 食べるのに困らない生活を与えてくれる、ごはんの神さま

お　稲荷さんとして人々に親しまれているウカノミタマノカミは、食のなかでも特に主食となる米をつかさどり、生涯、人々が食べるのに困らないように見守っていてくれる。それに、商売繁盛の神さまでもあるので、ウカノミタマにお参りすれば新しいことに挑戦してもきっと食べていくのに困らないだけの成功を収めるはず。

他にも｜縁結び｜厄除・開運｜**お金**｜**家内安全**｜子宝・安産｜**諸願成就**｜**仕事**｜健康・長寿｜**学問・芸術**

> もっと知りたい

一生ごはんに困らない

「ウカ」が穀物や食物の意味だったり、「稲生り」が変化して稲荷と呼ばれるようになったとも言われるように、食べ物のなかでも、とくに稲をつかさどる。『日本書紀』ではイザナギとイザナミが飢えを感じて生んだとされる。主食を保証してくれるこの神さまに願えば、生涯食べることには困らない。

おいしいものがたくさんある総本山・伏見稲荷大社

日本でもっとも多いといわれている稲荷神社。その総本社が、京都の伏見稲荷大社だ。伏見稲荷の周りにはおいしいものも多く、伏福では伏見稲荷名物の雀とうずらの丸焼きが食べられるし、参道では狐のおせんべいなども売られているので、お参りする際は食べ歩きするのもアリ！

遣いの狐も、田んぼの神

稲荷神が遣いとする狐は、しっぽがたわわに実った稲穂を連想させること、収穫の時期になると人里に降りてきて害獣であるネズミなどを食べてくれることから、自身も田の神とされる。落ち込んだときや勝負どきは、お稲荷さんにお願いすれば、「最低でも食べるのには困らない」と開き直る強さが湧いてくる。

笠間稲荷で、いなり

日本三大稲荷のひとつ笠間稲荷神社の周りには、この地方では定番のくるみ入りいなり寿司だけでなく、角煮や舞茸が入った変わり種の飾りいなりやお米の代わりにそばが入っているそば稲荷を楽しめるお店がズラリ。いなり料理を食べれば新しいことにチャレンジする力が漲ってくるかも。

> ！ ここに行けば、会える！

- 伏見稲荷大社（京都府）
- 笠間稲荷神社（茨城県）
- 祐徳稲荷神社（佐賀県）
- 王子稲荷神社（東京都）
- 小俣神社（三重県） ほか

ほうきに宿り、家を守ってくれる

矢乃波波木神
ヤノハハキノカミ

そうじの神さま

御利益

家のゴミも厄介事も掃き出してくれる、そうじの神さま

ヤノハハキノカミは、箒に宿る神さま。また、アマテラスの屋敷を守る役目も担っており、屋敷神としての力も発揮する。モノが捨てられない。どこから手をつけていいのかわからない。そんなお掃除劣等生のあなたでも、ヤノハハキの力が宿った箒で家中ササッと掃除すれば、部屋も心もスッキリさせてくれるはず。

他にも｜縁結び｜厄除・開運｜お金｜家内安全｜子宝・安産｜諸願成就｜仕事｜健康・長寿｜学問・芸術

女子のしあわせを引き寄せる、神さまカタログ

> もっと知りたい

ほうきに宿る神さま

八百万の神というように、あらゆるものに神が宿ると考えられている日本らしく、ほうきにも神が宿るといわれていた。それがヤノハハキノカミだ。ほうきはもともと神聖なものとされており、踏んだりまたいだりするとバチが当たると言われている地域も多い。

屋敷の守護

アマテラスの屋敷を守護する役目を担っていたヤノハハキ。家や庭などを掃き清めることで、その屋敷や土地を守ると言われていた。現在は伊勢神宮の内宮で祀られているのだが、その特性や「ハハ」が蛇の古名であること、本殿から見て東南（辰巳）に位置する場所に祀られていることなどから、ヤノハハキは蛇神とも言われる。

邪気を払う

最近では、ほうきで掃除をする機会はめっきり減ってしまったかもしれない。でも、ほうきには邪気を払うという意味があり、最後の仕上げにササッと掃くだけでもヤノハハキが力を発揮してくれるはず。エコで静かなほうきが見直されてもいる。フローリングの人には、シュロという木の皮を使ったシュロほうきがオススメ。

掃除をして心もスッキリ

部屋には心の状態が表れるというが、部屋が汚れているということは、心もぐちゃぐちゃということ。お釈迦さまの弟子・シュリハンドクもほうきを渡され、掃除することで悟りを開いたそう。ヤノハハキの宿るほうきで片付けをしながら、自分の心も掃除しよう。掃除が終わるころには、晴れ晴れとした気分になっているはず。

❗ ここに行けば、会える！

●伊勢神宮（三重県） ●坐摩神社（大阪府） ほか

元祖・天皇の料理番

磐鹿六雁命
イワカムツカリノミコト

料理の神さま

御利益……料理の腕前をあげてくれる、料理の神さま

イ ワカムツカリノミコトは、代々、天皇の食事を担当した高橋氏の先祖。日本料理の祖神としても知られる彼は、白蛤や鰹を使ってなますや煮物、焼物など、さまざまな料理を作って天皇に献上し、その腕前を買われて食事係に。この神さまにお願いすれば、あなたの料理の腕前もぐんぐん上達すること間違いなし！

他にも｜縁結び｜厄除・開運｜お金｜家内安全｜子宝・安産｜諸願成就｜**仕事**｜健康・長寿｜学問・芸術

もっと知りたい

天皇の食事係に任命される

景行天皇が巡幸で上総国を訪れた際に白蛤を見つけたイワカムツカリは、それを使って料理を作り、天皇に献上した。すると、とてもおいしかったのでほめたたえた天皇から子孫までずっと食事係に任命されたという。天皇にそれほどまでに気に入られるイワカムツカリの力があれば、あなたの料理の腕前もみんなから褒められるように。

調味料の神さま

醤油醸造・調味料の神さまとしても知られるイワカムツカリ。銚子にあるヒゲタ醤油では、年に一度、同じ千葉県内のイワカムツカリを祀る高家神社へ奉納するため、特別に醸造している「高倍」という醤油がある。調味料を制すものは料理を制す！いろんな調味料を自分の舌で試してみて、料理の幅を広げよう。

高椅神社と鯉の因縁

イワカムツカリを祀るもっとも古い神社といわれる栃木県の高椅神社には、「鯉の明神」という別名がある。これは、長元2年に境内で井戸を掘ったところ、なぜか大きな鯉が現れ、それを霊異なことと思った天皇から「日本一社禁鯉宮」とされたから。そのため、氏子は鯉を食べず、鯉の絵柄の食器も使わず、鯉のぼりもあげないといわれる。

包丁に感謝

毎年10月17日と11月23日に「庖丁式」が行われる。これは烏帽子や直垂をまとって行う儀式で、鯉や真鰹、真鯛に手を触れることなく、包丁と箸だけで綺麗に捌くというもの。毎月17日には包丁供養祭もあるので、使い古した包丁があれば供養して感謝の気持ちを伝えよう。

! ここに行けば、会える！

●高椅神社（栃木県） ●高家神社（千葉県） ほか

物の価値を決め市を仕切る市場の守護神

神大市姫命
カミオオイチヒメノミコト

ショッピングの神さま

御利益
いいものを売り、いいものを買うことができる、ショッピングの神さま

　山の神であるオオヤマヅミの娘で、スサノオと結婚したカミオオイチヒメノミコトは、ウカノミタマやオオトシノカミといった穀物神を生んだ。山や田畑の恵みと結びつきの強い彼女は、市の守護神として知られている。特に、デパートや販売業に関わる仕事についている人は彼女の恩恵を感じられるはず。

他にも｜縁結び｜厄除・開運｜**お金**｜家内安全｜子宝・安産｜諸願成就｜**仕事**｜健康・長寿｜学問・芸術

もっと知りたい

人と物が集まる市場の神

かつて人が集まる場所に物が集まり、やがてそれらで物々交換をするようになった。こうして形成された「市」をつかさどるのが、その名も「神々しい、立派な市場」という意味をもつカミオオイチヒメだ。市はすべてを自分でまかなうのではなく、必要なものを手に入れるための手段として広まった。神の神託を受けた巫女が物の価値を決め、市を取り仕切っていたとも言われている。

買い物上手に

買い物に行くと、ついつい余計なものを買ってしまう。どれを買うか、そもそも買うべきかどうか悩んで結局買えない。そんな買い物下手な人は、カミオオイチヒメに訊いてみよう。彼女がその品物は必要かどうか、あなたに代わって判定してくれるはず。きっと、買い物上手になれる！

市比売神社の「カード塚」

買い物といえば、クレジットカードやポイントカードといったさまざまなカードを使うもの。カミオオイチヒメを祀るこの市比売神社には、そんな使い古したカードを祓い清める「カード塚」がある。新しいカードに切り替えるときは、それまでのカードへの感謝も込めてお祓いに行ってみると運気もアップするかも。

女神だらけの神社

市比売神社の祭神はカミオオイチヒメを含め、女神ばかり。女人厄除けの神社として女性のすべての願いを叶えるとされる。厄介な上司や同僚お客さんに悩まされているとか、売上が伸び悩んでいるといった販売系お仕事女子の悩みも解決してくれるはず。

ここに行けば、会える！

●市比売神社（京都府） ●湯田神社（三重県） ●大内神社（岡山県） ほか

土と水と火の力をつかさどる

埴山姫命
ハニヤマヒメノミコト

器の神さま

御利益
ステキな器との出会いを与えてくれる、器の神さま

赤

土の粘土を意味する「ハニ」を名に持つハニヤマヒメノミコトは、土をつかさどる器の神さまとして知られる。彼女が作る器は、祭祀などのときに使われる特別なもの。器に関わる仕事をしている人や器にこだわりたい人は、ハニヤマヒメの力を借りてみよう。きっと長く付き合える、いい器に出会わせてくれる。

他にも｜縁結び｜厄除・開運｜お金｜家内安全｜**子宝・安産**｜諸願成就｜**仕事**｜健康・長寿｜学問・芸術

> もっと知りたい

器との出会いで暮らしが変わる

ハニヤマヒメは、祭祀などの特別なときにお供え物などを盛るための器をつかさどる。おいしい食事やキレイな花も、それを入れる器によってずいぶん印象が変わる。それぞれにぴったりのステキな器を探したいなら、ハニヤマヒメにお願いしてみて。気に入ったものがなければ、自分で作ってみるのもいい。きっと納得のいく器に巡り会える。

人としての器も

ハニヤマヒメの作る器が神に供えるためのものなら、当然それは誰に見られても恥ずかしくないものであったはず。よく、あの人は器が大きいとか小さいとか、人間の度量の大きさを器にたとえることがあるが、あなたの器はどうだろう。自分の器は、形も大きさも自由自在に変えられる。その器をどう使うか、何を入れるか。それを決めるのはあなただ。

パワースポットの宝庫・榛名神社

ハニヤマヒメを祀る群馬の榛名神社では、決して落ちないといわれる御姿岩が有名だが、瓶子の滝も要チェック！「瓶子」とは、酒を入れて注ぐための器のことで、口が小さくなっている壺のようなものを指す。ここに行けば、たくさんパワーがもらえるはず。

京都・愛宕神社

京都の愛宕神社では、かつて参道にお茶屋さんが並び、薄い土器の皿に願掛けをして投げる「かわらけ投げ」が大人気だった。これも、愛宕神社が器の神・ハニヤマヒメを祭神とするからだろう。現在かわらけ投げはできないようだが、当時のお茶屋さんでも振舞われた名物志んこ餅は食べられるので、ぜひ食べてみて。

あなたの心の器はどちら？

! ここに行けば、会える！

● 榛名神社（群馬県）　● 愛宕神社（京都府）　● 畝尾坐健土安神社（奈良県）
● 大井神社（静岡県）　● 迩幣姫神社（島根県）ほか

あらゆる生命の源である水をつかさどる

罔象女神
ミズハノメノカミ

エコの神さま

御利益 自然と調和したやさしい暮らしを与えてくれる、エコの神さま

ミズハノメノカミは、水をつかさどる神さま。生命の源である水には、生命力を蘇らせる力があると信じられてきた。また、やけどに苦しむイザナミの尿から生まれたミズハノメは、肥料の神さまでもある。自然と調和したやさしい生活を送りたいなら、エコの神さまともいわれるこの神さまのパワーを借りよう。

他にも｜縁結び｜厄除・開運｜**お金**｜家内安全｜**子宝・安産**｜諸願成就｜**仕事**｜健康・長寿｜学問・芸術

> もっと知りたい

水とオーガニックの神

「水が這う」という意味の名を持つミズハノメだが、それは田に水を引く様子にも似ている。また、イザナミがカグツチを生むときのやけどに苦しみ、漏らした尿から生まれたというミズハノメは肥料の神さまでもあり、オーガニック、エコロジーの神さまと言ってもいい。ガーデニングを始めるのもいいし、野菜の葉の部分やハーブは水につけておくだけでも育つので、それらを生活の中に上手く取り入れてみるとミズハノメのご利益がえられるかも。

水の生命力

ミズハノメは井戸の神さまと考えられることもあるが、それはかつて、湧き水や川の水をせきとめて生活に使っており、その性質が井戸の神である水神さまと同じだったから。よく水は生命の源と言われるが、生活に密着したミズハノメをみるとよりそれを感じられる。疲れたときには水を見たり、触れたり、飲んだりしてみると元気が湧いてくるはず。

丹生川上神社（中社）

前を高見川が流れる丹生川上神社中社には、「丹生の真名井」というご神水がある。本殿の地下を通って出る湧き水で、飲むこともできる。ぜひ口にして、そのパワーを体の内から感じてみよう。

紙すきの元祖

福井県の越前和紙は有名だが、この地で紙すきをするように薦めたのがミズハノメだという言い伝えがある。それが残っているのが今立町にある岡太神社で、もちろん祭神もミズハノメ。近くには紙すき体験ができる施設もあるので、挑戦してみては。

井戸の神様と同じだよ！

> ! ここに行けば、会える！

● 丹生川上神社中社（奈良県）● 岡太神社（福井県）
● 雨宮坐日吉神社（長野県）● 大井神社（静岡県）● 唐津神社（佐賀県）ほか

恋愛・結婚に効く、この神さま　女子力アップに、この神さま　自分を高めてくれる、この神さま　**暮らしをステキにしてくれる、この神さま**　困ったときの、この神さま

大事な人のために10年かけて
おいしいスイーツ探し

田道間守命
タジマモリノミコト

お菓子の神さま

御利益：おいしいスイーツに出会わせてくれる、お菓子の神さま

タジマモリノミコトは、垂仁天皇の命令でいい香りの年中実をつける"トキジクノカグノコノミ"を探しに行く。これは現在のみかんのことで、かつて菓子の最上級品とされていたことから、タジマモリはお菓子の神さまに。ステキなお菓子に出会いたい、上手にケーキやお菓子を作りたいときにはこの神さまにお願いしてみよう。

他にも｜縁結び｜厄除・開運｜お金｜家内安全｜子宝・安産｜諸願成就｜**仕事**｜健康・長寿｜学問・芸術

> もっと知りたい

おいしい果実を探して10年の旅

垂仁天皇に年中実をつけ、いい香りをさせている"トキジクノカグノコノミ"をとってきてほしいと頼まれたタジマモリは、常世の国にその実を探しに行き、葉と実のついた枝を8本、実だけをつけた枝を8本持ち帰る。しかし、その間には10年の時が経っており、戻ったときにはすでに垂仁天皇は亡くなっていた。タジマモリは御陵にその実を供え、泣きながら亡くなった。

菓子の最上級品・橘の香りで思いを伝える

トキジクノカグノコノミは橘で、現在のみかんといわれている。果物のことを"水菓子"と呼ぶが、かつて橘は菓子のなかでも最上級品とされていた。大切な人のためにお菓子を作るときには、風味づけにキュラソーを使ったり、アクセントにオレンジピールやママレードを入れてみると、思いが伝わるかも。

日本で唯一のスイーツの神さま

スイーツの神社として有名な兵庫県の中嶋神社には、タジマモリが祀られている。毎年4月の第3日曜日に菓子祭が開催され、前日祭では県内外からたくさんの店が集まる。限定スイーツの販売やスイーツコンテストも開かれるので、スイーツ好きなら行って損はない!

京都の吉田山でスイートなお参りを

タジマモリを祀る吉田神社は、京都の吉田山にある。そして、吉田山の山頂付近にあるカフェ・茂庵では、季節の素材を使った月替わりのスイーツを味わうことができる。吉田神社にお参りしたあとは、ここで一息ついてみては?

❗ ここに行けば、会える!

●中嶋神社(兵庫県) ●吉田神社(京都府)
●橘本神社(和歌山県) ●太宰府天満宮(福岡県)ほか

野の草の生命力をつかさどる

鹿屋野姫神
カヤノヒメノカミ

漬け物の神さま

御利益
おいしくて体にいい漬け物がつくれる、漬け物の神さま

イ　ザナギとイザナミの間に生まれたカヤノヒメは別名「ノヅチ」とも呼ばれ、野の緑をつかさどる「野の精霊」として信仰されている。そこから、野草だけでなく野菜などにも彼女の力が及ぶと考えられ、漬け物の祖神ともされる。彼女の力でおいしい漬け物をつけ、栄養バランスを整え、食卓に彩りをプラスしよう。

他にも　縁結び　厄除・開運　お金　家内安全　子宝・安産　諸願成就　仕事　健康・長寿　学問・芸術

女子のしあわせを引き寄せる、神さまカタログ

もっと知りたい

野の草の生命力

名前にもある「カヤ」には野の草の生命力が宿ると言われ、茅の輪くぐり、茅巻(ちまき)、茅の箸など、さまざまな神事にも用いられる。カヤノヒメは、そんな神聖で強大なカヤの生命力を受け継ぎ、あらゆる緑にその力を発揮する。あなたもカヤノヒメのパワーが宿る野菜を食べれば、力が漲ってくるはず。

漬け物の神社

愛知県の萱津神社は、日本で唯一の漬け物の神社。かつて海岸に面していたこの土地では、神前にウリやナスとともに藻塩もお供えしていたが、ただ腐らせるのはもったいないと瓶に入れたところ、程よい塩漬けになったことから漬け物が生まれた。漬け物が香の物と呼ばれるのは、それを食べたヤマトタケルが「神の物」といったから。境内の香の物殿には漬け物石があり、これを3回なでると漬け物上手になるといわれている。

日本のスーパーフード・漬け物

世界的にも日本の発酵食品が見直されているが、漬け物は栄養バランスがよく、必須栄養素を多く含む日本のスーパーフードとしても注目されている。野菜を加熱しないので栄養素や食物繊維を逃すことなく、さらにぬか漬けにすることでぬかに含まれる乳酸菌の整腸作用も加わって体の内側から健康にしてくれる。

樽前山神社

北海道の樽前山神社は樽前山をご神体としていて、その周辺を開拓するにあたって、山の神であるオオヤマヅミと結婚しており、自身も野の草の神であるカヤノヒメを祀った。神社は樽前山の山頂にあるので、そこから野や山のパワーを感じてみては?

ぬか漬け…美味しいぞ!

❗ここに行けば、会える!

- ●萱津神社(愛知県) ●樽前山神社(北海道) ●タバコ神社(福島県)
- ●加波山タバコ神社(茨城県) ●大岩戸神社内タバコ神社(鹿児島県) ほか

三種の神器の勾玉をつくった

玉祖命
タマノオヤノミコト

宝石の神さま

御利益……
宝石の似合う自分にしてくれる、宝石の神さま

タマノオヤノミコトは、三種の神器のひとつである八尺瓊勾玉をつくった神さま。玉は宝石を指す言葉でもあり、それらは人を選ぶという。だからこそ、宝石は人々を魅了する。自分の魅力を最大限に引き出してくれる宝石と出会いたい。ステキな宝石に見合うよう、自分を磨きたいなら、この神さまにお願いしてみよう。

他にも／縁結び／厄除・開運／お金／家内安全／子宝・安産／諸願成就／**仕事**／健康・長寿／学問・芸術

> もっと知りたい

三種の神器のひとつ「八尺瓊勾玉」

もとは天岩戸での祭具として作られたこの勾玉だが、その後、天孫降臨の際には三種の神器のひとつとしてニニギに授けられた。同じ宝石でも、使う人や使い方によってその価値や魅力は変わる。タマノオヤなら、あなたの魅力をアップさせてくれるようなピッタリの宝石に出会わせてくれるはず。

宝石のように磨く

磨くことで輝きを増す。それが宝石。いくら外見やスキルで武装しても、肝心なあなたの中身を磨かなければ、そのパワーも半減してしまう。儒学が伝わってから、玉は「仁」、すなわち思いやりの心や愛を示すとされた。内面も磨いて、宝石に見合う自分になろう。

玉祖神社

タマノオヤが亡くなったといわれるのが、山口県の防府市。そこにある玉祖神社には、タマノオヤのお墓「玉の石屋」がある。また、天岩戸で常世の長鳴鳥を鳴かせたとされるが、これは黒柏のことだと言われている。現在は天然記念物に指定されているが、玉祖神社は黒柏発祥の地でもあり、境内でも飼育されている。

願いの叶う石

タマノオヤが祀られている玉造湯神社のある島根県の玉湯町は、勾玉の材料であるメノウの産地として有名。そして玉作湯神社には触って祈れば願いが叶うという願い石があるが、この石を使ってお守りが作れるのだ。社務所で「叶い石」をもらい、自分だけの願いを叶えてくれるパワーストーンを、作ってみよう。

> ！ ここに行けば、会える！
>
> ●玉祖神社(山口県) ●玉作湯神社(島根県) ●玉諸神社(山梨県)
> ●玉祖神社(大阪府) ●石作・玉作神社(滋賀県) ほか

雷をつかさどる

火雷神
ホノイカヅチノカミ

電気・家電・パソコンの神さま

御利益
電化製品を守ってくれる、電気・家電・パソコンの神さま

黄 泉の国で腐乱したイザナミの死体から生まれた八の雷。そのうちのひとりで、イザナミの胸から生まれたのがホノイカヅチノカミ。雷をつかさどるホノイカヅチだが、落雷から身を守り、雨をもたらす神さまとして信仰される。ホノイカヅチはあなたの身を守るだけでなく、家電やパソコンといったものも守ってくれる。

他にも｜縁結び｜厄除・開運｜お金｜家内安全｜子宝・安産｜諸願成就｜仕事｜健康・長寿｜学問・芸術

> もっと知りたい

雷のエネルギーをつかさどる雷神

雷は神の怒り、恐ろしいものの象徴とされてきた。八の雷はそれぞれ雷の威力やそれによって生じる火、黒い雲、轟く音などを表している。そして雷神であるホノイカヅチは、電気をつかさどる神さまでもある。パソコンや家電製品にとって雷は大敵だが、ホノイカヅチにお参りすれば、神の怒りを鎮め、電化製品も守ってくれるはず。

水をもたらす

ホノイカヅチは雷だけでなく、その後の雨ももたらす。そのため、稲作や農耕の守護神とも言われるが、水は水力発電にも使われるだけでなく、パソコンなどの精密機器を製造するにも必要なもの。雷は脅威だけでなく、そんな恩恵も与えてくれる。

雷電神社のなまずさん

群馬県にある雷電神社は、ホノイカヅチを祀る雷電神社の総本社。ここにある「なまずさん」の像は、撫でると天災を除けてくれるだけでなく、自信がつくという。雷も受験も落ちないようにという願いをかけた「雷不落合格守」も要チェック。

12人の乙女を雷から守った木

横須賀の雷神社にはこんな伝説が残っている。12人の乙女が築島でおこもりを続けていた際にそばにあったビャクシンの木に雷が落ちた。木は黒焦げになったが、乙女たちは傷一つなく助かったため、築島にホノイカヅチを祀る雷神社が建てられたという。現在、社殿は追浜本町に移されたが、今でも築島には真っ黒に焦げたビャクシンが残っている。

! ここに行けば、会える!

- ●雷電神社（群馬県） ●雷神社（神奈川県）
- ●愛宕神社・若宮（京都府） ●阿沼美神社（愛媛県）ほか

三種の神器の鏡をつくった

石凝姥命
イシコリドメノミコト

鏡の神さま

御利益……悪いものをはね返してくれる、鏡の神さま

三種の神器のひとつ八咫鏡を作ったのがイシコリドメミコト。アマテラスはその鏡に映った自分にひかれ、外へ出た。その精巧な技術力から、鏡や金属加工の神さまとされる。物作りやクラフトが好きな人、上手になりたい人は、イシコリドメにお願いしてみよう。鏡のもつ魔除けの力も味方にできるかも。

他にも | 縁結び | 厄除・開運 | お金 | 家内安全 | 子宝・安産 | 諸願成就 | **仕事** | 健康・長寿 | **学問・芸術**

女子のしあわせを引き寄せる、神さまカタログ

> もっと知りたい

とても難しい鏡作り

イシコリドメの名前には、石で鋳型を作って鏡を作る老女という意味があり、金属加工や指物工芸の神さまともいわれる。どんなにいい材料を使って熱して溶かしても、冷やし固めなければ彼女の鏡は作れない。うまくいっているときこそ冷静になって、客観的に自分を見つめなおすことも大切だ。鏡は、人間としての規範・模範を意味する「鑑」とも書く。自分を鑑みたなら、普段から心の鏡もきちんと磨いておこう。鏡が曇っていては、自分の本当の気持ちも見えてこないのだから。

魔除けの鏡

鏡には、魔除けの力があるといわれる。人ごみで気疲れしてしまうときや自分を傷つける心無い言葉、誰かの悪意に参ってしまうなら、胸ポケットに手鏡を忍ばせてみて。きっと邪気をはね返し、あなたの心を守ってくれる。

鏡作坐天照御魂神社の鏡池

奈良県の鏡作坐天照御魂神社は、イシコリドメを祀っている神社。境内には鏡を洗い清めたという鏡池があり、隣には「鏡池洗心」と書かれた石碑がある。池の側に立って、じっと水面を見てみると、心が落ち着くかも。

ご神体となった鏡

鏡は神秘的なものとして、ご神体とされることも多い。和歌山県にある日前神宮・國懸神宮のご神体も鏡。しかも、八咫鏡に先立ってイシコリドメが作った日像鏡・日矛鏡を祀っている。八咫鏡と同等ともされる日像鏡・日矛鏡があるというこの神社に行けばパワーがもらえるはず。

❗ ここに行けば、会える！

- 鏡作坐天照御魂神社（奈良県）
- 日前神宮・國懸神宮（和歌山県）
- 中山神社（岡山県）
- 鞴神社（大阪府） ほか

恋愛・結婚に効く、この神さま
女子力アップに、この神さま
自分を高めてくれる、この神さま
暮らしをステキにしてくれる、この神さま
困ったときの、この神さま

困ったときの、この神様

悪いことばかりが続く、なんとなく体調が悪い、災害が怖い、人生のピンチから抜け出したい！生きていると、思ってもみない不運や不幸に見舞われることがある。厄払い、病気、災害、突然の雨、人生の迷路……などなど、ピンチに陥って困ったあなたを助けてくれる、神さまたちを紹介します。

怪物・八岐大蛇もやっつけた暴れん坊

須佐之男命
スサノオノミコト

厄払いの神さま

御利益 病も災難もやっつけてくれる、厄払いの神さま

ヤマタノオロチを退治したことで有名なスサノオノミコトだが、天上にいた頃はかなりの乱暴者で、それ自体が悪しき者とされていた。しかし、神々の怒りを買って高天原から追放され、地上に降りたあとは見違えるような善神に変わる。その様子から、災いや疫病を鎮める強力な浄化パワーがあるとされ、厄除けの神さまに。

他にも／縁結び／厄除・開運／お金／家内安全／子宝・安産／諸願成就／仕事／健康・長寿／学問・芸術

女子のしあわせを引き寄せる、神さまカタログ

> もっと知りたい

暴れん坊すぎて天界から追放

父であるイザナギから地上の支配を任されたが、スサノオは母が恋しいと暴れ、木を枯らし、海を干上がらせ、災いを招く。そして、父に追放されて高天原にやって来たスサノオを恐れた姉のアマテラスは、天岩戸に隠れてしまった。怒ったほかの神々によって、スサノオは高天原から追い出されてしまう。

なぜ英雄に？

高天原では乱暴者として周りを困らせ、追放されたが、その後はヤマタノオロチを退治し、クシナダヒメを助けるなど、一転していい神さまになったスサノオ。これは、高天原の神々が追放する際、髭と爪を切ったからと言われている。髭や爪を切る行為は、穢れを落として身を清める「禊」の役割を果たした。普段から身だしなみを整えることも、厄除けにつながる。

京都・祇園祭の名物

祇園さんとも呼ばれる京都の八坂神社は、疫病除けの神さまである牛頭天王とスサノオが同じだとする祇園信仰の総本社。祇園祭の名物といえば「厄除け粽」だが、これは牛頭天王が一宿のお礼に茅の輪を巻いた呪符を授け、疫病から守ったという話から生まれたもの。笹で作られた厄除けのお守りで、各山鉾ごとに違うので、どれにしようか迷っちゃうかも。

氷川神社の参道

埼玉県の大宮にある氷川神社もスサノオを祀っている氷川信仰の総本社だが、祇園信仰とは別のもの。こちらは2kmにも及ぶ参道が街のシンボルにもなっており、途中には「氷川だんご屋」もあるので、立ち寄ってみては。

> ここに行けば、会える！

●八坂神社（京都府）●氷川神社（埼玉県）●津島神社（愛知県）
●須佐神社（島根県）●素盞雄神社（広島県）ほか

恋愛・結婚に効く、この神さま ―― 女子力アップに、この神さま ―― 自分を高めてくれる、この神さま ―― 暮らしをステキにしてくれる、この神さま ―― 困ったときの、この神さま

妻を失ったイザナギの涙から生まれた

哭沢女神
ナキサワメノカミ

涙の神さま

御利益
心の痛みや傷ついた過去を洗い流してくれる、涙の神さま

イザナミの死を嘆き悲しんだ夫・イザナギの涙から生まれたのが、ナキサワメノカミ。泣くことはストレスやいろんな思いを洗い流す心のデトックス。ナキサワメの力で、心の痛みや傷を洗い流そう。彼女は再生の神さまでもあるので、泣いたあとには生まれ変わったようにスッキリしたあなたがいるはず。

他にも｜縁結び｜厄除・開運｜お金｜家内安全｜**子宝・安産**｜諸願成就｜仕事｜**健康・長寿**｜学問・芸術

> もっと知りたい

イザナギの涙から生まれた女神

イザナミは火の神であるカグヅチを生むときにやけどを負い、それが原因で亡くなってしまう。彼女の死を嘆き悲しんだ夫・イザナギの涙から生まれたのが、ナキサワメと言われている。名前には「さめざめと泣く神」や「たくさん泣く女神」という意味があるが、彼女は水をつかさどる神さまでもあるので、「泣くように響き渡る沢」といった意味も。

誰かのために涙を流す

昔は、葬儀で死者の魂を慰撫するために泣く儀式があり、泣き専門の「泣き女」という役割があった。ナキサワメは、この泣き女が神格化したものとも言われる。どうしてもうまく泣けないなら、感動的な映画やドラマを見たり、感情移入できるマンガや本を読んでみて。感情を揺さぶる作品に触れてみたり、誰かのために思いを馳せてみると自然と涙がこぼれるかも。

再生の神さま

ナキサワメは、再生の神さまともいわれる。ツライときはナキサワメの力を借りて、ガマンせずに思い切り泣こう。思う存分泣いてスッキリした後のあなたは、それまでのあなたとは違う。まるで生まれ変わったような、新たな気持ちでスタートを切れるはず。

畝尾都多本神社

『古事記』に「香山の畝尾の木の下に坐す神」と記されるナキサワメ。奈良県の畝尾都多本神社は「哭沢神社」とも呼ばれ、ナキサワメを泉の湧水の精霊神として祀っている。本殿はなく、泣沢という井戸がご神体。ここに行けば、あなたの代わりにナキサワメが涙を流してくれるかも。

恋愛・結婚に効く、この神さま ― 女子力アップに、この神さま ― 自分を高めてくれる、この神さま ― 暮らしをステキにしてくれる、この神さま ― 困ったときの、この神さま

! ここに行けば、会える！

●畝尾都多本神社＝哭沢女神社（奈良県）　●伊豆山神社（秋田県）ほか

薬草の知識が豊富で医療を広めた

少彦名命
スクナヒコナノミコト

薬の神さま

御利益 体の不調を治してくれる、薬の神さま

オクニヌシのパートナーとして、ともに国を作るために尽力したが、薬草についての知識も豊富で、医療などの指導普及に一役買ったと言われるこの神さま。また、「酒は百薬の長」という言葉もあるように、酒の神さまでもあり、さらには温泉を初めて医療に用いたともいわれ、身体の健康を願う人にはピッタリ。

他にも／縁結び／厄除・開運／お金／家内安全／子宝・安産／諸願成就／仕事／健康・長寿／学問・芸術

> もっと知りたい

オオクニヌシのパートナー

ガガイモの殻の船に乗って常世の国からやってきたスクナヒコナ。造化三神の1人であるカミムスビノカミの指の間から生まれ落ちたと言われ、カミムスビに義兄弟となってオオクニヌシと一緒に国作りをするよう命じられた。

一寸法師のもとになった

手指の間から生まれるほど小さかったスクナヒコナは、その小ささから一寸法師のもとになったとされるが、小さいものには穢を吸い取る力があったと言われる。彼にお参りすれば、あなたの病や穢も取り除いてくれるはず。

道後温泉でオオクニヌシを治療

病に倒れたオオクニヌシを救うため、スクナヒコナが大分の速見からお湯をひき、湯あみさせたところ、みるみる元気になったという言い伝えがある。この温泉が道後温泉のもとになった。また、道後温泉のある愛媛県の湯神社では、地震でお湯が止まった際、祈禱によって3度復活した。そんな道後温泉本館の北側には、元気になったことを喜んだスクナヒコナがこの上で舞ったと言われる玉の石もあり、お湯をかけて願い事をすると叶うという。

疫病よけの張子の虎の笹飾り

大阪の少彦名神社で11月に行われる神農祭といえば、笹についた張子の虎が有名だ。これは、文政5年に流行ったコレラが「虎や狼が一緒になって来るような恐ろしい病気」=「虎狼痢」と当て字されたこと、その薬が「虎頭殺鬼雄黄圓」という名前だったことなどから作られた病除けのお守り。これであなたも健康に!

恋愛・結婚に効く、この神さま ─ 女子力アップに、この神さま ─ 自分を高めてくれる、この神さま ─ 暮らしをステキにしてくれる、この神さま ─ 困ったときの、この神さま

! ここに行けば、会える!

● 酒列磯前神社(茨城県) ● 湯神社(愛媛県) ● 北海道神宮(北海道)
● 少彦名神社(大阪府) ● 大神神社(奈良県) ほか

女性を病から救いたい

淡島神
アワシマノカミ

婦人病の神さま

御利益: 女性特有の病から守ってくれる、婦人病の神さま

淡島神は、一説にアマテラスの6番目の娘で、住吉大神に嫁ぐが、婦人病にかかり淡島に流される。そして、彼女は「こんな悲しい思いをしないよう、女性を救いたい」と誓い、婦人病の神さまとして祀られるようになる。子宮や卵巣の病気、月経不順など、婦人科系の病で悩んでいるなら、淡島さまにお参りしてみて。

他にも | 縁結び | 厄除・開運 | お金 | 家内安全 | 子宝・安産 | 諸願成就 | 仕事 | 健康・長寿 | 学問・芸術

> もっと知りたい

女性特有の病気に強い

民間信仰の神だった淡島神の本体には諸説あるが、淡島さまを祀る淡島神社ではスクナヒコナが主祭神とされていることがほとんど。これは、スクナヒコナが船に乗ってやってきて粟島から常世に渡ったといわれており、淡島神との共通点から同一神と考える説が多いため。スクナヒコナ自体も医療や薬の神さまとして知られるが、淡島神はとくに女性の下の病気に効果があるといわれる。

女子の成長を願う雛流し

女子の健やかな成長を願うために行われる雛祭り。実はこれも、淡島神との関係が深い。船に乗せて流された淡島神が加太の淡島に流れ着いたのが旧暦の3月3日と言われ、雛祭りという名前もスクナヒコナ祭りから来たといわれる。この雛祭り発祥の地でもある和歌山県の淡嶋神社では、3月3日に人形に願い事を書き、船に乗せて流す「雛流し」が行われる。

和歌山・淡嶋神社のお雛守

先に挙げた和歌山県の淡嶋神社は、淡島神社の総本社。雛人形をはじめ、およそ2万体の人形が奉納されているが、婦人病の平癒祈願として下着が奉納されることも。婦人病関係や下の病気にならないように、あるいは治るようにもつ「お雛守」は、お内裏様とお雛様の形をしたものなど全部で5種類あるので、訪れた際にはぜひゲットしよう。

福岡・淡島神社のおなで石

福岡県にある淡島神社は、「この石で悪いところを撫でるとたちまち良くなる」と言われるおなで石が有名。この石で安産や子宝を願いながらお腹を撫でると、元気な赤ちゃんが生まれるとも。

! ここに行けば、会える!

● 淡嶋神社(和歌山県) ● 淡島神社(福岡県)、
● 粟島神社(千葉県) ● 粟嶋神社(鳥取県) ● 粟嶋神社(熊本県) ほか

火の強力パワーをつかさどる
迦具土神
カグツチノカミ

防災の神さま

【御利益】
地震や災害、火事から守ってくれる、防災の神さま

火をつかさどる神さまとして知られるカグツチだが、その血や死体からは岩石や火、水、雨、雷などの神が生まれ、火山の噴火をイメージさせた。そのため、それらを鎮めることのできる彼は防災の神さまとしての力も発揮する。火災だけでなく、地震や洪水といったさまざまな災害からも、カグツチはみんなを守ってくれる。

他にも：縁結び／厄除・開運／お金／家内安全／子宝・安産／諸願成就／仕事／健康・長寿／学問・芸術

> もっと知りたい

強すぎる火のパワーで母親が…

カグツチは、母であるイザナミの陰部を焼きながら生まれた。そのやけどで母は死に、怒った父・イザナギによってカグツチも斬り殺されてしまう。だが、カグツチはその血や死体から16の神を生み出した。それらの神々は火山の噴火にともなってできる岩石や火、水、雨、雷などをつかさどるもの。そこから、防火や防災の神さまとしても親しまれるように。

輝く火の神

母を死に追いやったカグツチだが、彼が生み出したものは多い。それは火も同じ。火は脅威の対象だが、火を使うようになって人々の生活は豊かになった。だからこそ人々は火の神を恐れ、大切に祀ってきた。火を扱うときは、そんな火への畏怖や感謝も心に留めてみて。

秋葉山本宮秋葉神社の火まつり

秋葉山本宮秋葉神社は、カグツチを祭神とする秋葉信仰の総本社で、年末には毎年「秋葉の火まつり」が行われる。とくに、火難や水難などを払うために松明を持って舞う「火の舞」は見もの。また、黄金色の「幸運の鳥居」や「黄金みくじ」もあるので、災難を払ったあとは運をゲットしよう。

江戸の守り神

江戸の防火・防災の守り神として徳川家康に建てられた東京の愛宕神社。神社のある愛宕山は23区内で一番高い山でかつては見晴らしの名所だった。毎年1月7日には無病息災を願う行事があり、参列者には七草粥がふるまわれる。七草粥をいただいて、カグツチのパワーで新しい1年災厄から身を守ってもらおう。

❗ ここに行けば、会える！

● 秋葉山本宮秋葉神社（静岡県）● 愛宕神社（東京都）● 愛宕神社（京都府）
● 陶器神社（滋賀県）● 榛名神社（群馬県）● 火男火売神社（大分県）ほか

雨をつかさどる竜神

高龗神
タカオカミノカミ

お天気の神さま

御利益
雨を降らせたり、晴れにしてくれる、お天気の神さま

古くから雨乞いの神さまとして人々に信仰されてきたタカオカミノカミ。雨をつかさどる龍神を示す「龗」の字を名にもつこの神さまは、雨を降らせるのも、逆に止ませて晴れにするのも自由自在。大事なデートや旅行、イベントごとがあるときなど、タカオカミにお願いすれば、突然の雨や天気に泣かされることもなくなるかも！

他にも｜縁結び｜厄除・開運｜お金｜家内安全｜子守・安産｜諸願成就｜仕事｜健康・長寿｜学問・芸術

もっと知りたい

雨をコントロールする龍神

イザナギがカグツチを斬り殺したときの血から生まれたタカオカミ。クラオカミノカミ（闇龗神）と同一神、または対の神さまとされ、タカオカミは「山の龍神」、クラオカミは「谷底暗闇の龍神」といわれる。龍神は雲を呼び雨を降らせ、太陽を呼び雨を地中に蓄えさせるなど、雨・天気をコントロールする。

雨は神さまからのプレゼント

「神の恵み」といわれる雨。とくに、昔は作物が育たなければ飢えて死ぬかもしれず、雨はなくてはならないものだった。現代では雨が降ると、予定が変わったり、憂うつになったり、と疎まれがち。しかし、雨は大気中の汚れを落としてくれる。そして心に雨が降っていたとしても、雨上がりのキラキラした空や虹を見るとちょっぴり幸せな気分になれる。それもタカオカミからのプレゼントなのかも。

丹生川上神社の黒馬と白馬

奈良の丹生川上神社の上社・下社では、タカオカミを祀っている。古くから朝廷が日照りのときには黒馬を、雨が続いて困っているときは白馬を奉納していたことから、下社には生きた黒馬と白馬が献上されており、境内で飼育されている様子を見ることができる。

貴船神社の水占い

水の神さまタカオカミノカミを祀る京都の貴船神社には、大人気の水占いがある。これは、水占い用の真っ白い紙を境内の水に浸すと、占い結果の文字が浮かび上がってくるというもの。また、雨女で困っているなら、白い馬のハレ守りをチェックしてみよう。

やっぱり晴れが一番だなぁ～

❗ ここに行けば、会える！

● 貴船神社（京都府） ● 丹生川上神社上社・下社（奈良県）
● 荏原神社（東京都） ほか

天照大神
アマテラスオオミカミ

八百万の神のトップに燦然と輝く

太陽の神さま

御利益
ここぞというときにパワーを与えてくれる、太陽の神さま

八百万の神のトップに君臨する万能の神。とくに太陽の神さまであることから、あらゆるものの生命力と成長のエネルギーをつかさどる。なにごとにも打ち勝つ勇気や精神力、生きる力をあたえてくれる。新しい仕事や困難なプロジェクトなどでふつう以上のエネルギーが必要なときに、大きなパワーをもらおう。

他にも | 縁結び | 厄除・開運 | お金 | 家内安全 | 子宝・安産 | 諸願成就 | 仕事 | 健康・長寿 | 学問・芸術

もっと知りたい

太陽の神

イザナギノミコトが日向（宮崎県）の海で体を洗い、最後に左の目を洗ったときに生まれた。ちなみに三つ子で一緒に生まれたのが、月と夜の神さま・ツキヨミノミコトと、超暴れん坊な海と大地の神さま・スサノオノミコト。そしてアマテラスは父イザナギから「高天原を支配しなさい」と命じられ、天界と太陽をつかさどる神となった。太陽ということで、稲作に深く関係し五穀豊穣の神さまでもあるが、八百万の神々のトップに君臨しているだけに万能で、なんでもかなえてくれる。

有名な天岩戸事件の主役

弟のスサノオが乱暴して世界を荒らすのが怖くて、天岩戸の洞窟にこもってしまったアマテラス。太陽が消えたため世界は真っ暗闇になり悪霊が暴れ出してしまう。困った神さまたちが、洞窟の前に集まって大笑いして騒いでいると……。外の笑い声が気になったアマテラスは、やっと洞窟から出てきて、世界にまた光が戻ったのだった。

伊勢神宮の宇治橋で

「お伊勢さま」の名で親しまれる伊勢神宮には外宮と内宮があるが、天照大神がまつられているのは内宮。内宮の入り口、五十鈴川に架かる宇治橋は日常と神話の世界との架け橋ともいわれる。宇治橋を歩きながら、アマテラスの放つ荘厳な空気感がしだいに濃くなってゆくのを感じてみよう。

東京のお伊勢さま

「東京のお伊勢さま」と呼ばれる東京大神宮は、恋愛成就のパワースポットとしても有名。かわいい和紙人形がついた恋みくじには、あなたの恋愛を成就するためのアドバイスが書かれている。

案外この中落ち着くねぇ〜

恋愛結婚に効く、この神さま／女子力アップに、この神さま／自分を高めてくれる、この神さま／暮らしをステキにしてくれる、この神さま／困ったときの、この神さま

ここに行けば、会える！

- 伊勢神宮（三重県）
- 東京大神宮（東京都）
- 芝大神宮（東京都）
- 開成山大神宮（福島県）
- 伊勢神社（佐賀県）
- 山口大神宮（山口県）ほか

山幸彦に竜宮城へ行くようアドバイス

塩土老翁神
シオツチノオジノカミ

予言の神さま

御利益
幸せのありかを教えてくれる、予言の神さま

シオツチノオジには、まだ見ぬ情報や知らないことを教えてくれたり、予言する力がある。彼のアドバイスのおかげで、神武天皇は統治する国を、山幸彦は無くした兄の釣り針と将来の奥さんを見つけた。人生に迷い、行く先を見失ったときはシオツチノオジにお願いすれば、あなたにもアドバイスをくれるかも。

| 他にも | 縁結び | 厄除・開運 | お金 | 家内安全 | 子宝・安産 | 諸願成就 | 仕事 | 健康・長寿 | 学問・芸術 |

もっと知りたい

潮目を読み、未知の情報を与えてくれる

もともと潮流をつかさどる神で、人生経験が豊富な長老をイメージさせる「老翁」の字を名に持つことからもわかるように、シオツチノオジは情報を提供し、よりよい方へ向かうためのヒントをくれる。日向にいた神武天皇が統治する国を探していたとき、「東方に美き国あり」と教えてくれたのも彼。兄である海幸彦の釣り針をなくして困っていた山幸彦には、「海神の宮へ行きなさい」と言って竹で編んだ船を与えた。

幸せのありか

シオツチノオジは悩みや問題を解決してくれるだけではない。彼に海神のところへ行くように言われた山幸彦は、そこで奥さんとなるトヨタマヒメと出会った。この海幸彦・山幸彦神話は、浦島太郎のモデルでもある。あなたにも、竜宮城のようなまだ見ぬ幸せのありかへと導くヒントを授けてくれるだろう。

塩竈神社の神塩

地上にやってきたシオツチノオジは、宮城県の塩竈地方に留まり、塩のつくり方を伝授したといわれる。この地はシオツチノオジを祀る塩竈神社の本源で、藻塩焼神事において伝統的な製法で作られた「神塩」はぜひゲットしたい。お守りとして携帯したり、料理に活用してもOK。お土産には丹六園の銘菓「志ほがま」もオススメ。

浦島太郎伝説の舞台

青島神社のある青島は、かつて神職しか上陸できない聖なる場所だった。周りを「鬼の洗濯板」と呼ばれる波状岩で囲まれており、浦島太郎伝説の舞台ともいわれている。境内には竜宮城の入り口にあったとされる井戸「玉の井」も。

信じた道を行け！

! ここに行けば、会える！

● 塩竈神社（宮城県） ● 青島神社（宮崎県） ● 胡宮神社（滋賀県）
● 益救神社（鹿児島県） ● 塩竈神社（愛知県）ほか

神さま アドレス帖
Address Book

お願いしたい神さまを見つけたら、
神さまに会いに行ってみよう。
それぞれの神さまのいる代表的な
神社の場所を紹介します。

恋愛・結婚に効く、この神さま

● 縁結びの神さま

オオクニヌシノミコト
大国主命

いずもたいしゃ 出雲大社	島根県出雲市大社町杵築東195
おおみわじんじゃ 大神神社	奈良県桜井市三輪1422
かんだみょうじん 神田明神	東京都千代田区外神田2-16-2
ほっかいどうじんぐう 北海道神宮	北海道札幌市中央区宮ヶ丘474
ひかわじんじゃ 氷川神社	埼玉県さいたま市大宮区高鼻町1-407

● 結婚の神さま

クシナダヒメノミコト
櫛名田比売命

やえがきじんじゃ 八重垣神社	島根県松江市佐草町227
すがじんじゃ 須我神社	島根県雲南市大東町須賀260
やさかじんじゃ 八坂神社	京都府京都市東山区祇園町北側625
ろくしょじんじゃ 六所神社	神奈川県中郡大磯町国府本郷935
すぎもとじんじゃ 椙本神社	高知県吾川郡いの町大国町3093

● 婚活の神さま

イワナガヒメノミコト
磐長姫神

きぶねじんじゃ 貴船神社	京都府京都市左京区鞍馬貴船町180
しろみじんじゃ 銀鏡神社	宮崎県西都市大字銀鏡518
くもみせんげんじんじゃ 雲見浅間神社	静岡県賀茂郡松崎町雲見386-1
いずじんじゃ 伊豆神社	岐阜県岐阜市切通3-12-49
がっすいせきじんじゃ 月水石神社	茨城県つくば市筑波1291
いわながひめじんじゃ 磐長姫神社	兵庫県尼崎市武庫之荘西2-46-23

● 仲直りの神さま

ククリヒメノカミ
菊理媛神

しらやまひめじんじゃ 白山比咩神社	石川県白山市三宮町二105-1
はくさんじんじゃ 白山神社	東京都文京区白山5-31-26
はくさんじんじゃ 白山神社	新潟県新潟市中央区一番堀通町1-1
ながたきはくさんじんじゃ 長滝白山神社	岐阜県郡上市白鳥町長滝138

● 浮気防止の神さま
須勢理毘売命（スセリヒメノミコト）

春日大社（かすがたいしゃ）	奈良県奈良市春日野町160
国魂神社（くにたまじんじゃ）	福島県いわき市勿来町窪田馬場72
總社宮（そうじゃぐう）	岡山県総社市総社2-18-1
出雲大社（いずもたいしゃ）	島根県出雲市大社町杵築東195

● 縁切りの神さま
崇徳天皇（ストクテンノウ）

安井金比羅宮（やすいこんぴらぐう）	京都府京都市東山区 東大路松原上る下弁天町70
白峰宮（しらみねぐう）	香川県坂出市西庄町1719
虎ノ門 金刀比羅宮（とらのもん ことひらぐう）	東京都港区虎ノ門1-2-7
金刀比羅宮（ことひらぐう）	香川県仲多度郡琴平町892-1

● 安産の神さま
天之御中主神（アメノミナカヌシノカミ）

水天宮（すいてんぐう）	福岡県久留米市瀬下町265-1
東京水天宮（とうきょうすいてんぐう）	東京都中央区日本橋蛎殻町2-4-1
相馬中村神社（そうまなかむらじんじゃ）	福島県相馬市中村字北町140
千葉神社（ちばじんじゃ）	千葉県千葉市中央区院内1-16-1
八代神社（やしろじんじゃ）	熊本県八代市妙見町405

● 子育ての神さま
玉依姫命（タマヨリヒメノミコト）

賀茂御祖神社（かもみおやじんじゃ）	京都府京都市左京区下鴨泉川町59
玉前神社（たまさきじんじゃ）	千葉県長生郡一宮町一宮3048
吉野水分神社（よしのみくまりじんじゃ）	奈良県吉野郡吉野町吉野山1612
青海神社（あおみじんじゃ）	新潟県加茂市大字加茂229
宇美八幡宮（うみはちまんぐう）	福岡県糟屋郡宇美町宇美1-1-1

● 子宝の神さま
伊邪那美命（イザナミノミコト）

多賀大社（たがたいしゃ）	滋賀県犬上郡多賀町多賀604
花窟神社（はなのいわやじんじゃ）	三重県熊野市有馬町上地130
伊弉諾神宮（いざなぎじんぐう）	兵庫県淡路市多賀740
伊佐須美神社（いさすみじんじゃ）	福島県大沼郡会津美里町宮林甲4377
波上宮（なみのうえぐう）	沖縄県那覇市若狭1-25-11

女子力アップに、この神さま

● 美人の神さま
ムナカタサンジョシン
宗像三女神

いつくしまじんじゃ 嚴島神社	広島県廿日市市宮島町1-1
むなかたたいしゃ 宗像大社	福岡県宗像市田島2331
いつくしまじんじゃ 嚴島神社	栃木県足利市本城2-1860
えのしまじんじゃ 江島神社	神奈川県藤沢市江の島2-3-8
ちくぶしまじんじゃ 竹生島神社	滋賀県長浜市早崎町1665

● 美肌の神さま
トヨタマヒメノミコト
豊玉姫命

とよたまひめじんじゃ 豊玉姫神社	佐賀県嬉野市嬉野町大字下宿乙2231-2
とよたまひめじんじゃ 豊玉姫神社	鹿児島県南九州市知覧町郡16510
わかさひめじんじゃ 若狭姫神社	福井県小浜市遠敷65-41
かごしまじんぐう 鹿児島神宮	鹿児島県霧島市隼人町内2496-1
わたつみじんじゃ 海神神社	長崎県対馬市峰町木坂247

● 若返りの神さま
ツキヨミノミコト
月読命

でわさんざん・ 出羽三山・ がっさんじんじゃ 月山神社	山形県鶴岡市羽黒町手向字手向7
つきよみじんじゃ 月読神社	京都府京都市西京区松室山添町15
がやまじんじゃ 賀蘇山神社	栃木県鹿沼市入粟野713
いせじんぐうないくう・ 伊勢神宮内宮・ べつぐう つきよみのみや 別宮 月讀宮	三重県伊勢市中村町742-1
ささむたじんじゃ 西寒田神社	大分県大分市寒田1644

● スタイルアップの神さま
アメノタチカラオノミコト
天手力男命

とがくしじんじゃ 戸隠神社	長野県長野市戸隠3506
あがたじんじゃ 安賀多神社	宮崎県延岡市古川町327
てぢからおじんじゃ 手力雄神社	岐阜県各務原市那加手力町4
おおひじんじゃ 意富比神社	千葉県船橋市宮本5-2-1
おやまじんじゃ 雄山神社	富山県中新川郡立山町岩峅寺1

●ダイエットの神さま
_{ウケモチノカミ}
保食神

_{いわないじんじゃ} 岩内神社	北海道岩内郡岩内町字宮園41
_{さるがじんじゃ} 猿賀神社	青森県平川市猿賀石林175
_{こまがたじんじゃ} 駒形神社	岩手県奥州市水沢区中上野町1-83
_{やきゅういなりじんじゃ} 箭弓稲荷神社	埼玉県東松山市箭弓町2-5-14
_{きんりゅうじんじゃ} 金立神社	佐賀県佐賀市金立町大字金立2467

●セクシーの神さま
_{アメノウズメノミコト}
天之鈿女命

_{つばきおおかみやしろ} 椿大神社	三重県鈴鹿市山本町1871
_{くるまざきじんじゃ} 車折神社	京都府京都市右京区嵯峨朝日町23
_{さるめじんじゃ} 佐留女神社	三重県伊勢市宇治浦田2-1-10
_{さへのじんじゃ} 佐倍乃神社	宮城県名取市愛島笠島字西台1-4
_{あめのたながおじんじゃ} 天手長男神社	長崎県壱岐市郷ノ浦町田中触730

●おもてなしの神さま
_{オオミヤノメノミコト}
大宮能売命

_{ふしみいなりたいしゃ かみしゃ・なんざ} 伏見稲荷大社 上社・南座	京都府京都市伏見区深草薮之内町68
_{みなといなりじんじゃ} 湊稲荷神社	新潟県新潟市中央区稲荷町3482
_{おおみやめじんじゃ} 大宮売神社	京都府京丹後市大宮町周枳1020
_{ゆうとくいなりじんじゃ} 祐徳稲荷神社	佐賀県鹿島市古枝乙1855

●女子力の神さま
_{コノハナサクヤヒメノミコト}
木花咲耶姫命

_{ふじさんほんぐう せんげんたいしゃ} 富士山本宮 浅間大社	静岡県富士宮市宮町1-1
_{はこねじんじゃ} 箱根神社	神奈川県足柄下郡箱根町元箱根80-1
_{うめのみやたいしゃ} 梅宮大社	京都府京都市右京区梅津フケノ川町30
_{あさまじんじゃ} 浅間神社	山梨県笛吹市一宮町一ノ宮1684
_{つまじんじゃ} 都萬神社	宮崎県西都市大字妻1

●美脚の神さま
_{クナドノカミ}
岐神

_{かめありかとりじんじゃ} 亀有香取神社	東京都葛飾区亀有3-42-24
_{いきすじんじゃ} 息栖神社	茨城県神栖市息栖2882

自分を高めてくれる、この神さま

●道案内の神さま
猿田彦神（サルタヒコノカミ）

椿大神社（つばきおおかみやしろ）	三重県鈴鹿市山本町1871
白髭神社（しらひげじんじゃ）	滋賀県高島市鵜川215
巻堀神社（まきほりじんじゃ）	岩手県盛岡市玉山区巻堀字本宮22
高山稲荷神社（たかやまいなりじんじゃ）	青森県つがる市牛潟町鷲野沢147-1
大麻比古神社（おおあさひこじんじゃ）	徳島県鳴門市大麻町板東字広塚13
祐徳稲荷神社（ゆうとくいなりじんじゃ）	佐賀県鹿島市古枝乙1855

●アイデアの神さま
八意思兼命（ヤゴコロオモイカネノミコト）

秩父神社（ちちぶじんじゃ）	埼玉県秩父市番場町1-3
戸隠神社（とがくしじんじゃ）	長野県長野市戸隠3506
地主神社（じしゅじんじゃ）	京都府京都市東山区清水1-317
気象神社（きしょうじんじゃ）	東京都杉並区高円寺南4-44-19
静神社（しずじんじゃ）	茨城県那珂市静2
天岩戸神社（あまのいわとじんじゃ）	宮崎県西臼杵郡高千穂町岩戸1073-1

●試験の神さま
菅原道真（スガワラノミチザネ）

太宰府天満宮（だざいふてんまんぐう）	福岡県太宰府市宰府4-7-1
北野天満宮（きたのてんまんぐう）	京都府京都市上京区馬喰町
湯島天神（ゆしまてんじん）	東京都文京区湯島3-30-1
防府天満宮（ほうふてんまんぐう）	山口県防府市松崎町14-1
與喜天満神社（よきてんまんじんじゃ）	奈良県桜井市初瀬1

●言葉の神さま
天児屋根命（アメノコヤネノミコト）

春日大社（かすがたいしゃ）	奈良県奈良市春日野町160
枚岡神社（ひらおかじんじゃ）	大阪府東大阪市出雲井町7-16
大原野神社（おおはらのじんじゃ）	京都府京都市西京区大原野南春日町1152
鳥越神社（とりこえじんじゃ）	東京都台東区鳥越2-4-1
五社神社（ごしゃじんじゃ）	静岡県浜松市中区利町302-5

●商売の神さま
ヒルコノミコト
蛭子命

にしのみやじんじゃ 西宮神社	兵庫県西宮市社家町1-17
ひるこじんじゃ 蛭子神社	神奈川県鎌倉市小町2-23-3
きりゅうにしのみやじんじゃ 桐生西宮神社	群馬県桐生市宮本町2-1-1
すべじんじゃ 須部神社	福井県三方上中郡若狭町末野字神ヶ谷36-11

●成功の神さま
ヤマトタケルノミコト
日本武尊

あつたじんぐう 熱田神宮	愛知県名古屋市熱田区神宮1-1-1
おおとりたいしゃ 大鳥大社	大阪府堺市西区鳳北町1-1-2
やいづじんじゃ 焼津神社	静岡県焼津市焼津2-7-2
むさしみたけじんじゃ 武蔵御嶽神社	東京都青梅市御岳山176
けひじんぐう 氣比神宮	福井県敦賀市曙町11-68
たけべたいしゃ 建部大社	滋賀県大津市神領1-16-1

●海外旅行の神さま
スミヨシサンシン
住吉三神

すみよしたいしゃ 住吉大社	大阪府大阪市住吉区住吉2-9-89
すみよしじんじゃ 住吉神社	福岡県福岡市博多区住吉3-1-51
すみよしじんじゃ 住吉神社	山口県下関市一の宮住吉1-11-1
すみよしじんじゃ 住吉神社	長崎県壱岐市芦辺町住吉東触470
もとすみよしじんじゃ 本住吉神社	兵庫県神戸市東灘区住吉宮町7-1-2

●知識の神さま
クエビコノミコト
久延毘古命

くえひこじんじゃ 久延彦神社	奈良県桜井市大字三輪字若宮山
くてひこじんじゃ 久氏比古神社	石川県鹿島郡中能登町久江ヘ66

●出世の神さま
タケミカヅチノオノカミ
建御雷之男神

かしまじんぐう 鹿島神宮	茨城県鹿嶋市宮中2306-1
かすがたいしゃ 春日大社	奈良県奈良市春日野町160
こうざきじんじゃ 神崎神社	千葉県香取郡神崎町神崎本宿1944
ひらおかじんじゃ 枚岡神社	大阪府東大阪市出雲井町7-16
おおはらのじんじゃ 大原野神社	京都府京都市西京区大原野南春日町1152

●勝負の神さま
ホンダワケノミコト
誉田別命

うさじんぐう 宇佐神宮	大分県宇佐市大字南宇佐2859
つるおかはちまんぐう 鶴岡八幡宮	神奈川県鎌倉市雪ノ下2-1-31
いわしみずはちまんぐう 石清水八幡宮	京都府八幡市八幡高坊30
けひじんぐう 氣比神宮	福井県敦賀市曙町11-68

暮らしをステキにしてくれる、この神さま

●ごはんの神さま
宇迦之御魂神（ウカノミタマノカミ）

伏見稲荷大社（ふしみいなりたいしゃ）	京都府京都市伏見区深草藪之内町68
笠間稲荷神社（かさまいなりじんじゃ）	茨城県笠間市笠間1
祐徳稲荷神社（ゆうとくいなりじんじゃ）	佐賀県鹿島市古枝乙1855
王子稲荷神社（おうじいなりじんじゃ）	東京都北区岸町1-12-26
小俣神社（おばたじんじゃ）	三重県伊勢市小俣町元町1072

●そうじの神さま
矢野波波木神（ヤノハハキノカミ）

伊勢神宮（いせじんぐう）	三重県伊勢市宇治館町1
坐摩神社（いかすりじんじゃ）	大阪府大阪市中央区久太郎町4-渡辺3

●料理の神さま
磐鹿六雁命（イワカムツカリノミコト）

高椅神社（たかはしじんじゃ）	栃木県小山市高椅702
高家神社（たかべじんじゃ）	千葉県南房総市千倉町南朝夷164

●ショッピングの神さま
神大市姫命（カミオオイチヒメノミコト）

市比賣神社（いちひめじんじゃ）	京都府京都市下京区河原町五条下ル一筋目西入ル
湯田神社（ゆたじんじゃ）	三重県伊勢市小俣町湯田字孤山983
大内神社（おおうちじんじゃ）	岡山県備前市香登本1249

●器の神さま
埴山姫命（ハニヤマヒメノミコト）

榛名神社（はるなじんじゃ）	群馬県高崎市榛名山町849
愛宕神社（あたごじんじゃ）	京都府京都市右京区嵯峨愛宕町1
畝尾坐健土安神社（うねおにますたけはにやすじんじゃ）	奈良県橿原市下八釣町138
大井神社（おおいじんじゃ）	静岡県島田市大井町2316
迩幣姫神社（にべひめじんじゃ）	島根県大田市長久町土江1-1

神さまアドレス帖 Address Book

◉ エコの神さま
岡象女神（ミズハノメノカミ）

丹生川上神社中社（にうかわかみじんじゃちゅうしゃ）	奈良県吉野郡東吉野村小968
岡太神社（おかもとじんじゃ）	福井県越前市大滝町23-10
雨宮坐日吉神社（あめのみやにますひよしじんじゃ）	長野県千曲市雨宮1
大井神社（おおいじんじゃ）	静岡県島田市大井町2316
唐津神社（からつじんじゃ）	佐賀県唐津市南城内3-13

◉ 宝石の神さま
玉祖命（タマノオヤノミコト）

玉祖神社（たまのおやじんじゃ）	山口県防府市大字大崎1690
玉作湯神社（たまつくりゆじんじゃ）	島根県松江市玉湯町玉造522
玉諸神社（たまもろじんじゃ）	山梨県甲府市国玉町1331
玉祖神社（たまのおやじんじゃ）	大阪府八尾市大字神立443
石作神社・玉作神社（いしづくりじんじゃ・たまつくりじんじゃ）	滋賀県長浜市木之本町千田793

◉ お菓子の神さま
田道間守命（タジマモリノミコト）

中嶋神社（なかじまじんじゃ）	兵庫県豊岡市三宅1
吉田神社（よしだじんじゃ）	京都府京都市左京区吉田神楽岡町30
橘本神社（きつもとじんじゃ）	和歌山県海南市下津町橘本125
太宰府天満宮（だざいふてんまんぐう）	福岡県太宰府市宰府4-7-1

◉ 電気・家電・パソコンの神さま
火雷神（ホノイカヅチノカミ）

雷電神社（らいでんじんじゃ）	群馬県邑楽郡板倉町2334
雷神社（いかづちじんじゃ）	神奈川県横須賀市追浜元町1-9
愛宕神社・若宮（あたごじんじゃ・わかみや）	京都府京都市右京区嵯峨愛宕町1
阿沼美神社（あぬみじんじゃ）	愛媛県松山市味酒町3-1-1

◉ 漬け物の神さま
鹿屋野姫神（カヤノヒメノカミ）

萱津神社（かやづじんじゃ）	愛知県あま市上萱津車屋19
樽前山神社（たるまえさんじんじゃ）	北海道苫小牧市高丘6-49
タバコ神社（じんじゃ）	福島県田村郡小野新町字知宗
加波山タバコ神社（かばさんたばこじんじゃ）	茨城県桜川市真壁町長岡891
大岩戸神社内タバコ神社（おおいわとじんじゃないたばこじんじゃ）	鹿児島県いちき串木野市冠嶽13511

◉ 鏡の神さま
石凝姥命（イシコリドメノミコト）

鏡作坐天照御魂神社（かがみつくりにますてらすみたまじんじゃ）	奈良県磯城郡田原本町八尾816
日前神宮・國懸神宮（ひのくまじんぐう・くにかかすじんぐう）	和歌山県和歌山市秋月365
中山神社（なかやまじんじゃ）	岡山県津山市一宮695
鞴神社（ふいごじんじゃ）	大阪市天王寺区生玉町13-9

困ったときの、この神さま

●厄払いの神さま
須佐之男命 スサノオノミコト

八坂神社（やさかじんじゃ）	京都府京都市東山区祇園町北側625
氷川神社（ひかわじんじゃ）	埼玉県さいたま市大宮区高鼻町1-407
津島神社（つしまじんじゃ）	愛知県津島市神明町1
須佐神社（すさじんじゃ）	島根県出雲市佐田町須佐730
素盞雄神社（すさのおじんじゃ）	広島県福山市新市町大字戸手天王1-1

●涙の神さま
哭沢女神 ナキサワメノカミ

畝尾都多本神社＝哭沢女神社（うなおつたもとじんじゃ）	奈良県橿原市木之本町114
伊豆山神社（いずさんじんじゃ）	秋田県大仙市泉町8-59

●薬の神さま
少彦名命 スクナヒコナノミコト

酒列磯前神社（さかつらいそさきじんじゃ）	茨城県ひたちなか市磯崎町4607-2
湯神社（ゆじんじゃ）	愛媛県松山市道後湯之町4-10
北海道神宮（ほっかいどうじんぐう）	北海道札幌市中央区宮ケ丘474
少彦名神社（すくなひこなじんじゃ）	大阪府大阪市中央区道修町2-1-8
大神神社（おおみわじんじゃ）	奈良県桜井市三輪1422

●婦人病の神さま
淡島神 アワシマノカミ

淡嶋神社（あわしまじんじゃ）	和歌山県和歌山市加太
淡島神社（あわしまじんじゃ）	福岡県北九州市門司区奥田4-9-5
粟島神社（あわしまじんじゃ）	千葉県白井市名内586
粟嶋神社（あわしまじんじゃ）	鳥取県米子市彦名町1404
粟嶋神社（あわしまじんじゃ）	熊本県宇土市新開町557

● 防災の神さま
カグツチノカミ
迦具土神

あきはさんほんぐう 秋葉山本宮 あきはじんじゃ 秋葉神社	静岡県浜松市天竜区春野町領家841
あたごじんじゃ 愛宕神社	東京都港区愛宕1-5-3
あたごじんじゃ 愛宕神社	京都府京都市右京区嵯峨愛宕町1
とうきじんじゃ 陶器神社	滋賀県甲賀市信楽町長野1151-1
はるなじんじゃ 榛名神社	群馬県高崎市榛名山町849
ほのおほのめじんじゃ 火男火売神社	大分県別府市東山1

● お天気の神さま
タカオカミノカミ
高龗神

きふねじんじゃ 貴船神社	京都府京都市左京区鞍馬貴船町180
にうかわかみじんじゃ 丹生川上神社 かみしゃ 上社	奈良県吉野郡川上村大字迫869-1
にうかわかみじんじゃ 丹生川上神社 しもしゃ 下社	奈良県吉野郡下市町長谷1-1
えばらじんじゃ 荏原神社	東京都品川区北品川2-30-28

● 太陽の神さま
アマテラスオオミカミ
天照大神

いせじんぐう 伊勢神宮	三重県伊勢市宇治館町1
とうきょうだいじんぐう 東京大神宮	東京都千代田区富士見2-4-1
しばだいじんぐう 芝大神宮	東京都港区芝大門1-12-7
かいせいざんだいじんぐう 開成山大神宮	福島県郡山市開成3-1-38
いせじんじゃ 伊勢神社	佐賀県佐賀市伊勢町9-8
やまぐちだいじんぐう 山口大神宮	山口県山口市滝町4-4

● 予言の神さま
シオツチノオジノカミ
塩土老翁神

しおがまじんじゃ 塩竈神社	宮城県塩竈市一森山1-1
あおしまじんじゃ 青島神社	宮崎県宮崎市青島2-13-1
このみやじんじゃ 胡宮神社	滋賀県犬上郡多賀町敏満寺49
やくじんじゃ 益救神社	鹿児島県熊毛郡屋久島町宮之浦277
しおがまじんじゃ 塩竈神社	愛知県名古屋市天白区御幸山1328

神さまQ&A

 神さまにはどこで会えるの？

神さまは神社に祀ってあって、みんなが参拝できます。
神社は神さまの仮の宿。天や海や山からやってきた神さまが一時的に、とどまる場所です。
しかも、日本の神さまは「分霊」「分祀」といわれ、"無限に分裂"することができる。だから世界に一体のミッキーマウスとちがって、同じ神さまが日本中にたくさんいて、同じ神さまを祀った神社が、日本全国にたくさんあるのです。おかげで、たとえば伊勢神宮に行かなくても、近くの天照大神を祀った神社に行けば、天照大神に会うことができるというわけです。

 正しいお参りの方法は？

一般的なお参りの作法は「二拝二拍手一拝」といって、
拝殿の前で
1　2回頭を下げ、おじぎをする　　2　2回手をパンパンと叩く
3　お願い事や感謝の気持ちを伝える　4　最後にもう1回おじぎをする
というもの。
出雲大社の場合は「二拝四拍手一拝」など、神社によって作法がちがうこともあります。
鈴のある神社では、「来ましたよ〜」という合図代わりに、いちばん最初に鈴を鳴らします。お賽銭も参拝の前に、やさしく入れましょう。作法に気を取られすぎるより、心をこめることが大事。

どの神社にどの神さまが いるかどうすればわかるの？

 ホームページのある神社なら、「御祭神」「由緒」「由来」などのコーナーにどの神さまがいるか書いてあるので、チェックしてみよう。
神社に行くと、「御祭神」「由緒」「由来」などと書かれた案内板があるので、それを見るとどの神さまがいるか書いてあります。
また、神社の方の手が空いていそうだったら、神さまやご利益について質問してみるのもいいでしょう。ガイドブックなどには載っていないエピソードや、穴場パワースポットなどを教えてもらえることもあるかもしれませんよ。

 日本の神さまのことをもっと知りたい。

 日本の神社に祀られている神さまは、『古事記』『日本書紀』などの神話・伝説に登場する神さまたちと、あるいは菅原道真や崇徳天皇のように偉大な業績を残した人間を神格化した神さまたちがいます。もし神さまのキャラクターやストーリーをもっと知りたければ、『古事記』『日本書紀』などの神話を読んでみるのもおすすめです。

【参考書籍】

『「日本の神様」がよくわかる本 八百万神の起源・性格からご利益までを完全ガイド』
(戸部民夫／PHP研究所)

『日本の神社がよくわかる本 神々の系統で知る由緒とご利益』
(戸部民夫／光文社知恵の森文庫)

『古事記ゆる神様100図鑑』
(松尾たいこ、戸矢学／講談社)

『幸せが授かる日本の神様事典 〜あなたを護り導く97柱の神々たち〜』
(CR&LF研究所／毎日コミュニケーションズ)

『神社手帖』
(石井研士／TAC出版)

『日本全国ゆるゆる神社の旅』
(鈴木さちこ／サンクチュアリ出版)

『ご利益別 日本全国神社大全』
(神社のご利益研究会／コスミック出版)

【参考URL】

● 日本神話・神社まとめ
　http://nihonsinwa.com/

● 日本神話の世界
　http://www.shinwanosekai.info/

● 日本の神様辞典
　http://japangod.dip.jp/

そのほか、掲載されている各神社の公式サイトなどを参考にさせていただきました。

監修　戸部民夫　Tobe Tamio

美術関係の出版社に勤務後、作家に。主な著書に『「日本の神様」がよくわかる本八百万神の起源・性格からご利益までを完全ガイド』(PHP文庫)、『日本の神社がよくわかる本神々の系統で知る由緒とご利益』(光文社知恵の森文庫)、『日本の「有名な神社」の起源がよくわかる本』(だいわ文庫)、『神社でたどる「江戸・東京」歴史散歩』(洋泉社)など多数。日本神話、民俗学などに造詣が深い。

イラスト　いとうみつる　Ito Mitsuru

広告デザイナーを経てイラストレーターに。主な著書に『たべることがめちゃくちゃ楽しくなる！栄養素キャラクター図鑑』、『からだの不思議がめちゃくちゃよくわかる！人体キャラクター図鑑』、『宇宙の不思議がまるごとよくわかる！天文キャラクター図鑑』(以上、日本図書センター)、『よくわかる元素キャラ図鑑地球の材料を知ろう！』(宝島社)など。ほのぼのとしたゆるくコミカルなキャラクターを得意とする。

神さまカタログ

女子のしあわせを引き寄せる

2016年11月1日　初版第1刷発行

監修	戸部民夫
イラスト	いとうみつる
カバーデザイン	井上新八
本文デザイン	桑山慧人、梅崎彩世（prigraphics）
テキスト	小林樹里
発行者	鶴巻謙介
発行・発売	サンクチュアリ出版
	〒151-0051
	東京都渋谷区千駄ヶ谷2-38-1
	TEL 03-5775-5192　FAX 03-5775-5193
	URL　http://www.sanctuarybooks.jp/
	E-mail　info@sanctuarybooks.jp
印刷・製本	株式会社 シナノ パブリッシング プレス

© Sanctuarybooks 2016, © Mitsuru Itou 2016, printed in Japan

本書の内容を無断で、複写・複製・転載・データ配信することを禁じます。
定価およびISBNコードはカバーに記載してあります。
落丁本・乱丁本は送料弊社負担にてお取り替えいたします。